CB006201

"Este livro é um bálsamo para a alma. Ao nos lembrar de que a busca por fama e fortuna desperdiça nossa preciosa energia vital, Joshua oferece um guia tocante para encontrarmos o que realmente importa."

— ROBERT J. WALDINGER, médico e professor de psiquiatria na Harvard Medical School

"Este livro oferece conselhos pessoais e práticos sobre como encarar os erros do passado — não importa qual área eles possam abranger. Joshua compartilha conhecimento da perspectiva de um amigo que realmente se importa e que quer ajudá-lo a ir além do ciclo de arrependimento e fuga em direção a uma vida com propósito."

— DAWN MADSEN, a influenciadora "The Minimal Mom" e autora de *Declutter Your Home in 15 Minutes a Day*

"Leitura obrigatória para qualquer pessoa que busque retomar o controle da vida. Este guia encantador cheio de informações impactantes e o conduzirá através de muitas das barreiras que você possa estar enfrentando."

— RONALD L. BANKS, palestrante, escritor e coach

"*O que Realmente Importa* é uma leitura necessária para qualquer pessoa que esteja buscando orientação prática para enfrentar as muitas distrações da vida, e o mais importante: vencê-las."

— CHRISTINE PLATT, autora de *The Afrominimalist's Guide to Living with Less*

"Ao eliminar as distrações apresentadas neste livro, nós somos capazes de limpar a bagunça e dar espaço para criar equilíbrio na vida, crescimento pessoal e propósito."

— DAVE BRAUN E TROY AMDAHL (THE OOLAGUYS), cofundadores do oolalife.com, autores best-sellers internacionais e especialistas no equilíbrio entre vida pessoal e profissional

"O apelo deste livro — que deveríamos ter como objetivo sermos generosos, não ricos, e pôr a mão na massa servindo aos outros — consolida o status de Joshua como uma voz da razão e da verdade muito necessária no mundo moderno."

— HELEN RUSSELL, autora best-seller de *How to Be Sad*

"O trabalho de Joshua e este livro são uma bela combinação de sabedoria, cordialidade e conselhos práticos para nos ajudar a viver com intenção e significado. Nós temos o poder de fazer escolhas todos os dias, para fazer mais coisas que realmente importam — e Joshua nos oferece sugestões práticas para isso."

— NATALY KOGAN, autora best-seller de *The Awesome Human Project* e *Happier Now*

"Daqui a dez anos, o sapato você usou hoje, como seu cabelo estava ou qual marca de roupa você estava vestindo não terão importância. O que vai importar é como você viveu, como você amou e o que você aprendeu ao longo do caminho. E *O que Realmente Importa* é um belíssimo guia para se chegar lá."

— MARC E ANGEL CHERNOFF, autores best-sellers do *New York Times* de *Getting Back to Happy* e *1000+ Little Things Happy Successful People Do Differently*

"O apelo deste livro — que deveríamos ter como objetivo sermos generosos, não ricos, e pôr a mão na massa servindo aos outros — consolida o status de Joshua como uma voz da razão e da verdade muito necessária no mundo moderno."

— HELEN RUSSELL, autora best-seller de *How to Be Sad*

"O trabalho de Joshua e este livro são uma bela combinação de sabedoria, cordialidade e conselhos práticos para nos ajudar a viver com intenção e significado. Nós temos o poder de fazer escolhas todos os dias, para fazer mais coisas que realmente importam — e Joshua nos oferece sugestões práticas para isso."

— NATALY KOGAN, autora best-seller de
The Awesome Human Project e *Happier Now*

"Daqui a dez anos, o sapato você usou hoje, como seu cabelo estava ou qual marca de roupa você estava vestindo não terão importância. O que vai importar é como você viveu, como você amou e o que você aprendeu ao longo do caminho. E *O que Realmente Importa* é um belíssimo guia para se chegar lá."

— MARC E ANGEL CHERNOFF, autores best-sellers do *New York Times*
de *Getting Back to Happy* e *1000+ Little Things Happy Successful
People Do Differently*

O QUE REALMENTE IMPORTA

O QUE REALMENTE IMPORTA

Superando as Distrações em Busca de uma Vida Mais Significativa

Joshua Becker

ALTA BOOKS
GRUPO EDITORIAL
Rio de Janeiro, 2023

O Que Realmente Importa

Copyright © 2023 da Starlin Alta Editora e Consultoria Eireli.

ISBN: 978-85-508-1898-6

Translated from original Things That Matter. Copyright © 2022 by Becoming Minimalist LLC. ISBN 978-0-593-19397-6. This translation is published and sold by WaterBrook, an imprint of Random House, a division of Penguin Random House LLC, the owner of all rights to publish and sell the same. PORTUGUESE language edition published by Starlin Alta Editora e Consultoria Eireli, Copyright © 2023 by Starlin Alta Editora e Consultoria Eireli.

Impresso no Brasil — 1ª Edição, 2023 — Edição revisada conforme o Acordo Ortográfico da Língua Portuguesa de 2009.

Dados Internacionais de Catalogação na Publicação (CIP) de acordo com ISBD

B395q   Becker, Joshua

       O Que Realmente Importa: Superando as Distrações em Busca de uma Vida Mais Significativa / Joshua Becker; traduzido por Emilly Lopes. - Rio de Janeiro : Alta Books, 2023.
       256 p. ; 16cm x 23cm.

       Tradução de: Things That Matter
       Inclui bibliografia e índice.
       ISBN: 978-85-508-1898-6

       1. Autoajuda. I. Stanford. II. Lopes, Emilly. III. Título.

                                 CDD 158.1
2023-578   CDU 159.947

Elaborado por Vagner Rodolfo da Silva - CRB-8/9410

Índice para catálogo sistemático:
1.   Autoajuda 158.1
2.   Autoajuda 159.947

Produção Editorial
Grupo Editorial Alta Books

Diretor Editorial
Anderson Vieira
anderson.vieira@altabooks.com.br

Editor
José Ruggeri
j.ruggeri@altabooks.com.br

Gerência Comercial
Claudio Lima
claudio@altabooks.com.br

Gerência Marketing
Andréa Guatiello
andrea@altabooks.com.br

Coordenação Comercial
Thiago Biaggi

Coordenação de Eventos
Viviane Paiva
comercial@altabooks.com.br

Coordenação ADM/Finc.
Solange Souza

Coordenação Logística
Waldir Rodrigues

Gestão de Pessoas
Jairo Araújo

Direitos Autorais
Raquel Porto
rights@altabooks.com.br

Produtor da Obra
Thales Silva

Produtores Editoriais
Illysabelle Trajano
Maria de Lourdes Borges
Paulo Gomes
Thiê Alves

Equipe Comercial
Adenir Gomes
Ana Claudia Lima
Andrea Riccelli
Daiana Costa
Everson Sete
Kaique Luiz
Luana Santos
Maira Conceição
Nathasha Sales
Pablo Frazão

Equipe Editorial
Ana Clara Tambasco
Andreza Moraes
Beatriz de Assis
Beatriz Frohe
Betânia Santos
Brenda Rodrigues

Caroline David
Erick Brandão
Elton Manhães
Gabriela Paiva
Gabriela Nataly
Henrique Waldez
Isabella Gibara
Karolayne Alves
Kelry Oliveira
Lorrahn Candido
Luana Maura
Marcelli Ferreira
Mariana Portugal
Marlon Souza
Matheus Mello
Milena Soares
Patricia Silvestre
Viviane Corrêa
Yasmin Sayonara

Marketing Editorial
Amanda Mucci
Ana Paula Ferreira
Beatriz Martins
Ellen Nascimento
Livia Carvalho
Guilherme Nunes
Thiago Brito

Atuaram na edição desta obra:

Tradução
Emilly Lopes

Codisque
Christiano Sensi

Revisão Gramatical
Kamila Wozniak
Hellen Suzuki

Diagramação
Joyce Mattos

Capa
Rodrigo Frazão

Editora
afiliada à:

ASSOCIADO

Câmara Brasileira do Livro

Rua Viúva Cláudio, 291 — Bairro Industrial do Jacaré
CEP: 20.970-031 — Rio de Janeiro (RJ)
Tels.: (21) 3278-8069 / 3278-8419
www.altabooks.com.br — altabooks@altabooks.com.br
Ouvidoria: ouvidoria@altabooks.com.br

ALTA BOOKS
GRUPO EDITORIAL

Para o meu avô, o Rev. Harold E. Salem

AGRADECIMENTOS

É uma jornada fascinante reexaminar sua vida a fim de determinar por que você enxerga o mundo da maneira como o vê, e escrever este livro me forçou a fazer isso. Claro, é uma jornada agradável se você está feliz com sua visão de mundo. E esse é bem o meu caso.

Eu dediquei este livro ao meu avô, o Rev. Harold E. Salem, que faleceu enquanto eu estava escrevendo. As lições de vida que aprendi com ele podem ser vistas da primeira até a última página. Porém ele não foi a única voz que moldou minha visão de mundo.

Todos os meus quatro avôs e avós viveram vidas de fé, significado e propósito. Arnold, Edna, Harold e Beulah, obrigado por seu amor e por darem um exemplo que vale a pena seguir.

Aos meus pais, Roy e Patty; sua lealdade, piedade, amor e estabilidade permitiram que eu me tornasse o homem que sou. Obrigado.

À minha esposa, Kimberly, seu amor, sacrifício e altruísmo estão visíveis em todos os dias da minha vida e em cada página deste livro.

Aos meus filhos lindos, Salem e Alexa, obrigado por alegrarem a minha vida, por me ajudarem a enxergar o mundo de uma nova maneira e por me darem a oportunidade de escrever este livro.

As vozes que moldaram este livro não são apenas de pessoas da minha família, visto que fui abençoado com amizades valiosas, tanto momentâneas quanto duradouras. Robert Thune Sr., Mark Arant, Jack e Linda Arant, Rudy Sheptock, Joe Darago, Jack e Diana Stimmel, Scott e

Diane Slocum, Gregg Walsh, Jeff Kolok — todos vocês fazem parte desta obra. Obrigado por me mostrarem uma vida focada no que importa.

Eric Stanford, este livro existe apenas devido ao seu talento brilhante. Obrigado por me incentivar constantemente durante a escrita e pela sua paciência e lealdade ao colocar meus pensamentos em palavras.

Eu sou grato a todas as equipes da WaterBrook, desde a equipe do design de capa e ilustrações até a de revisão e a de publicidade. Um obrigado especial e sincero a Susan Tjaden, que deu forma aos conteúdos presentes neste livro desde o início.

Ao meu agente, Christopher Ferebee; sua fé em mim e neste livro deu origem ao que você está segurando agora.

E a toda comunidade do Becoming Minimalist; o incentivo e o apoio de vocês me permitem fazer o que eu faço. Obrigado.

Infelizmente, acabei esquecendo nomes além dos que mencionei. Contudo, não tenho como terminar uma lista de agradecimentos sem agradecer a Jesus, cuja graça salvadora me permitiu e me capacitou para alcançar tudo o que há de bom em minha vida. Obrigado.

SOBRE O AUTOR

Joshua Becker é o autor best-seller de *A Casa Minimalista*, *Viva Mais, Tenha Menos*, e *Simplify*.

Ele é o fundador e editor do *Becoming Minimalist*, um blog dedicado à vida com propósito acessado por mais de 1,5 milhão de leitores por mês, e os seguidores de suas redes sociais chegam a mais de 3 milhões. Seu blog foi eleito pela revista *SUCCESS* um dos dez melhores sites de desenvolvimento pessoal, e seus textos foram incluídos em diversas publicações ao redor do mundo.

Ele é o criador das revistas *Simplify* e *Simple Money* e escreve para a *Forbes*.

Joshua e a família foram apresentados ao minimalismo durante uma rápida conversa com uma vizinha. Desde então, a história e os textos de Joshua têm inspirado milhões de pessoas em todo o mundo a descobrir mais da vida possuindo menos bens materiais. Hoje em dia, baseado em sua abordagem cuidadosa e intencional do minimalismo, ele é uma das principais vozes no movimento da simplicidade moderna.

Ele também é fundador da Hope Effect, uma organização sem fins lucrativos que está mudando a maneira como o mundo cuida dos órfãos.

Seu curso online, Uncluttered, ajudou mais de 70 mil pessoas a eliminar os excessos em suas casas e viver com mais propósito, focando as coisas que são mais importantes. Seu aplicativo, Clutterfree, é o único que cria uma lista de tarefas personalizada para eliminar a bagunça de cada cômodo da casa.

Joshua vive em Peoria, no Arizona, com a esposa e os dois filhos adolescentes.

Visite seu blog: www.becomingminimalist.com [conteúdo em inglês].

SUMÁRIO

PARTE 1

O OBJETIVO E OS OBSTÁCULOS

1

Uma Vida sem Arrependimentos

O Começo, Tendo em Vista o Fim

> Não recebemos uma vida breve, mas a fazemos breve; dela não somos carentes, mas pródigos...
>
> A vida será longa se souberes utilizá-la.
>
> — SÊNECA, *Sobre a Brevidade da Vida*

Bronnie Ware, uma enfermeira australiana que passou muitos anos cuidando de pessoas nas últimas semanas de suas vidas, perguntava regularmente aos pacientes sobre os arrependimentos que tinham ou o que teriam feito diferente. Um tempo depois, ela publicou um artigo sobre suas descobertas, chamado "Regrets of the Dying" ["Arrependimentos que as Pessoas Têm Antes de Morrer", em tradução livre]. Nele, Ware escreveu sobre a clareza de visão fenomenal que as pessoas adquirem no fim da vida e os temas que constantemente vinham à tona durante essas conversas. O artigo foi compartilhado milhões de vezes na internet e virou livro em 2012[1].

É uma premissa fascinante, não é? Do que as pessoas mais se arrependem?

Não vou colocar a lista aqui. Em vez disso, quero lhe fazer uma pergunta: quanto você quer saber o que está nela? O quão tentado você se sente a pesquisar no Google sobre esse artigo, neste momento, para que possa ver os maiores arrependimentos que as pessoas têm no final de suas vidas? E o mais importante, de onde vem esse desejo de saber os arrependimentos de pessoas prestes a morrer? A intensidade do seu interesse não é a prova de que você está preocupado que a *sua* vida possa estar sendo desperdiçada?

(Agora que deixei você pensando a respeito disso, se ainda quiser saber o que está na lista, pode ir até a primeira nota de referência no final deste livro e encontrá-la.)

Por que uma lista de arrependimentos de pessoas que estavam morrendo viralizou? Porque todos sabemos que seremos nós a estar perto da morte um dia e não quereremos ter arrependimentos quando chegarmos lá. E acredito que também porque *nós já estamos começando a ter arrependimentos sobre as nossas escolhas de vida.*

Para as pessoas de meia-idade, e até mesmo pessoas no início da vida adulta, é comum ter uma ansiedade incômoda, de que estamos desperdiçando nosso tempo e recursos com coisas que não são importantes, enquanto não focamos o suficiente as coisas e as pessoas que realmente importam. E podemos facilmente imaginar que vamos nos arrepender disso algum dia se não começarmos a mudar. Mesmo assim, continuamos colocando o irrelevante acima do indispensável.

 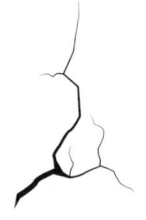

Mesmo assim, continuamos colocando o irrelevante acima do indispensável.

Algo tem que mudar. E temos uma quantidade de tempo limitada pela frente para fazer essa mudança.

Sempre tomaremos algumas decisões imprudentes pelo caminho, que desejaremos poder desfazer. Então provavelmente não é possível viver uma vida sem *nenhum* arrependimento. Porém *é* possível, sim, fazer mudanças que nos tiram do caminho fácil, que nos leva a mergulhar nas coisas banais e imediatas, e que nos coloquem em um caminho mais intencional, que conduza a uma vida que nos satisfaça e ressoe conosco para além da nossa própria existência mortal — uma vida bem vivida. Dada a escolha, nós todos queremos uma vida de menos arrependimentos e mais plenitude, não é?

Um dia, não muito tempo atrás, fui forçado a enfrentar algo que eu *tinha que fazer* antes de morrer. E quero lhe contar isso agora, porque é algo relacionado a você.

Uma Única Coisa

Em outubro de 2019, eu me reuni com diversos membros da minha equipe em uma conferência chamada Start Finishing ["Comece a Terminar", em tradução livre], no K'é Main Street Learning Lab, um local de eventos da comunidade de Mesa, no Arizona. Charlie Gilkey, autor do livro com o mesmo título da conferência, era o apresentador do dia. Charlie nos disse que queria que fôssemos objetivos e aplicássemos os princípios do workshop ao projeto mais importante de nossas vidas. Para nos ajudar a determinar qual seria tal projeto, ele disse: "Fechem os olhos e respondam à seguinte pergunta: se você morresse hoje, qual seria o projeto que você ficaria mais decepcionado por não ter conseguido concluir?"

Depois de nos fazermos a pergunta, compartilhamos uns com os outros qual projeto achávamos ser o mais importante. A jovem perto de mim mencionou um projeto artístico que ela queria concluir. Uma mãe falou sobre o desejo de preparar os dois filhos adolescentes para a vida. Na minha vez, sem hesitar, respondi à pergunta de Charlie: "Se eu fosse morrer hoje, ficaria muito desapontado por nunca ter tido a chance de escrever o livro no qual venho pensando há muito tempo."

Aposto que você pode adivinhar que livro era esse.

É o que você está lendo neste momento.

Há algum tempo, estive pensando em escrever um livro que pegasse os princípios do minimalismo pelos quais eu sou conhecido e expandisse a ideia de como as distrações nos mantêm afastados do significado, do propósito e da satisfação. E naquele exato momento no Laboratório de Aprendizagem, escrever *O que Realmente Importa* se tornou minha prioridade. Porque há uma mensagem que me guia mais do que qualquer outra — e não é ajudar as pessoas a limparem seus guarda-roupas, mesmo que isso seja muito útil. A principal mensagem, que mais arde em meu coração, é o convite para se viver uma vida intencional e significativa. Tirando a minha fé e a minha família, essa mensagem é aquilo pelo qual eu mais quero ser lembrado quando eu partir.

Venho lendo, escrevendo e falando sobre esse assunto há anos, o que me deu a oportunidade de conhecer vários pontos de vista e histórias. Agora, reuni todos os insights mais importantes em um único livro, dando ênfase especialmente ao modo como alcançar o foco necessário para você viver de acordo com suas prioridades. Em *O que Realmente Importa*, quero lhe mostrar o que você precisa eliminar da sua vida para fazer a transição para uma existência mais intencional.

Viver uma vida com propósito não é importante apenas para mim ou para alguns outros como eu. É importante para todos nós, porque todos temos, pelo menos, uma única coisa (e provavelmente mais do que uma) que sentimos que *temos que fazer* antes de morrer. E não estou falando de coisas da lista do que fazer na vida do tipo "andar de balão". Estou falando de viver de uma maneira que faça diferença. Estou falando de saber que nossas vidas importam e têm impacto no mundo de maneira positiva, que nossas existências têm significado.

Isso me leva até você. Deixe que eu lhe faça a mesma pergunta que Charlie Gilkey fez para mim: se você morresse hoje, qual seria a única coisa (ou algumas poucas coisas) que o deixaria mais decepcionado por não ter conseguido concluir? Por favor, não ignore essa pergunta. Pare e pense sobre ela. Identifique quais são seus maiores objetivos, clara e precisamente.

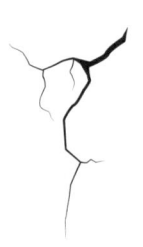

Se você morresse hoje, qual seria a única coisa (ou algumas poucas coisas) que o deixaria mais decepcionado por não ter conseguido concluir?

Enquanto me preparava para escrever este livro, encomendei uma pesquisa representativa em nível nacional — a pesquisa "O que Realmente Importa" — que continha várias perguntas relacionadas aos temas deste livro[2]. Farei referências às descobertas da pesquisa regularmente nos próximos capítulos e creio que você vai achar os resultados fascinantes. Para começar, uma das perguntas que fizemos foi: "Você diria que já identificou um propósito claro, ou propósitos, para a sua vida?" Fiquei feliz em ver que 70% dos entrevistados responderam que sim; 19% responderam que não, enquanto 11% não tinham certeza.

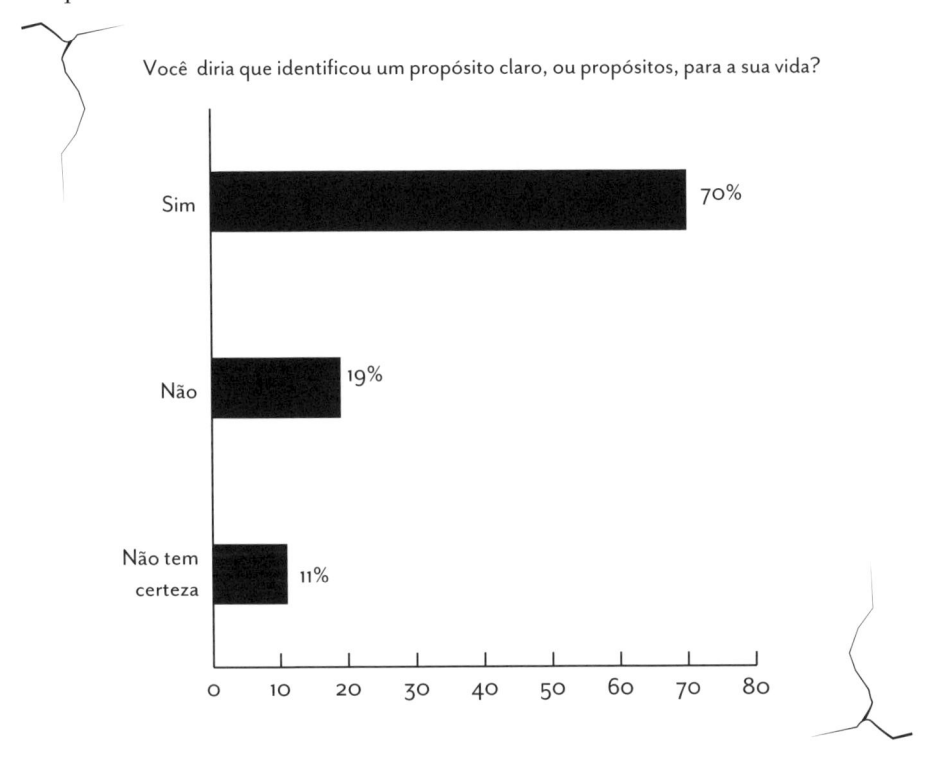

Você diria que identificou um propósito claro, ou propósitos, para a sua vida?

Você sabe qual é o seu propósito, ou quais são seus propósitos? Se a resposta for não ou você não tem certeza (como 30% dos participantes da pesquisa), eu lhe convido a seguir para o exercício "Descubra Seus Propósitos" no final deste livro. Ele vai ajudá-lo a pensar metodicamente nos desejos que estão na intersecção de suas paixões, de suas habilidades e das necessidades do mundo. Você verá a quais ações de serviço você está mais apto e inclinado a fazer.

Se você faz parte dos 70% e acha que sabe qual é o seu propósito, isso é ótimo. No entanto, eu o encorajo a manter a mente aberta, porque este livro certamente vai ajudá-lo a aperfeiçoar ou a redefinir as coisas que importam para si ao longo do caminho.

Neste momento, quero que você comece a acreditar que *não é tarde demais* para reorientar sua vida para seus propósitos. Você pode fazer algo *agora* para viver a vida que deseja viver e chegar ao fim dela com menos arrependimentos.

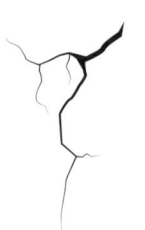

> Você pode fazer algo *agora* para viver a vida que deseja viver.

O tema deste livro não é uma mensagem de "como ser feliz", embora eu acredite que viver uma vida alinhada com seus valores e paixões é o jeito mais rápido para alcançar a felicidade, tanto no curto como no longo prazo. Este livro trata de muito mais do que a forma como você se sente; ele trata de como você pode viver a única vida que você possui e como mantê-la focada nas coisas que realmente importam. Eu iria ainda mais longe e diria que o mundo *precisa* que você viva em prol do que realmente importa para si, pois você passa a seu estado mais produtivo e influente quando está oferecendo sua contribuição singular.

Provavelmente não há realização maior para você *e* para os outros do que escolher viver uma vida significativa focada no que realmente importa.

Como Fazer com que Sua Vida Seja Longa o Suficiente

Na faculdade, eu tinha um professor que nos ensinava: "Façam questão de ler livros dos séculos passados, porque todos os escritores vivos estão nadando na mesma correnteza cultural e ideológica. Contudo, um livro de séculos atrás terá uma perspectiva diferente e vai desafiar seu modo de pensar de novas maneiras."

Tentei viver seguindo esse conselho. Na verdade, muitas das minhas ideias sobre Deus, minimalismo, viver com propósito e outros assuntos que importam para mim foram fundamentadas por homens e mulheres sábios de eras passadas. Eles trazem uma nova perspectiva de uma forma que estudiosos e especialistas modernos não são capazes de fazer. E descobri que temas que ecoavam em épocas e lugares diferentes geralmente são temas que ainda podem nos mostrar o caminho para uma vida melhor.

Tendo isso em mente, quero compartilhar uma citação que significa muito para mim, há anos. Ela é de Sêneca, o Jovem, um filósofo romano que nasceu aproximadamente na mesma época que Jesus de Nazaré.

> Não dispomos de pouco tempo, mas desperdiçamos muito dele. A vida é longa o bastante e nos foi generosamente concedida para a execução das ações mais importantes, caso toda ela seja bem aplicada. Porém, quando se dilui no luxo e na preguiça, quando não é despendida em nada de bom, somente então, compelidos pela necessidade derradeira, aquela que não havíamos percebido passar, sentimos que já passou. É assim que acontece: não recebemos uma vida breve, mas a fazemos breve; dela não somos carentes, mas pródigos...
>
> A vida será longa se souberes utilizá-la.[3]

Há muita coisa nesse excerto. Peço que você o leia novamente e talvez até mesmo pegue uma caneta e sublinhe as expressões-chave que chamem sua atenção. Comece com "mas desperdiçamos muito dele".

A afirmação ousada de Sêneca é o que eu falo ao me referir à vida intencional. É viver com propósito. É gastar nosso tempo limitado em "ações mais importantes" em vez de "no luxo e na preguiça" ou "em nada de bom". Porque, se fizermos isso, vamos descobrir que a vida é longa o suficiente para fazermos o que importa de verdade.

> Como chegar ao fim de nossas vidas com o mínimo de arrependimentos: *basta escolhermos bem. Colocarmos de lado as satisfações inferiores para buscar significado em nossas vidas. E fazer isso todo santo dia.*

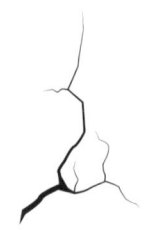

Sêneca nos indica a resposta para o dilema de como chegar ao fim de nossas vidas com o mínimo de arrependimentos: *basta escolhermos bem. Colocarmos de lado as satisfações inferiores para buscar significado em nossas vidas. E fazer isso todo santo dia.*

Tornando-se Significativo

Para mim, aprender como viver com propósito não foi uma epifania instantânea, embora tivessem existido muitos momentos de súbita inspiração ao longo do caminho. Foi mais um crescimento gradual do meu entendimento, influenciado pelas coisas que aconteciam na minha vida ao longo de muitos anos.

A minha criação de fé me preparou para pensar sobre prioridades e para ir em busca das coisas importantes da vida. Isso fez com que eu focasse questões relacionadas ao que importa e ao que não importa para a eternidade. Então, quando eu era jovem, virei pastor e passei minha vida ajudando os outros a encontrarem o próprio caminho por meio de ensinamentos bíblicos. Portanto, tenho que dar muito crédito à minha família e à minha tradição religiosa por me sintonizarem com as questões que estamos abordando neste livro (a propósito, *O que Realmente Importa* não é um livro religioso, mas, visto que a minha fé me moldou, mencionarei meu próprio histórico religioso de vez em quando). Apesar dos benefícios do meu passado, foi apenas depois de eu ter me tornado um minimalista no início dos meus 30 anos que meu espaço mental foi liberado, e eu me vi forçado a enfrentar de verdade questões de prioridade.

Se você leu algum dos meus livros ou as postagens em meu blog nos últimos doze anos, sabe o quão importante é, para mim, viver de maneira simples.[4] Na verdade, uma das grandes paixões da minha vida é inspirar e ajudar as pessoas a possuírem menos coisas. O minimalismo é uma coisa que me importa muito. No entanto, para mim, o minimalismo, por si só, sempre foi um meio, e não o fim.

Defino *minimalismo* como "a promoção intencional das coisas que mais valorizamos, por meio da eliminação de qualquer coisa que nos distraia delas". Não é algo negativo; é positivo. Não é essencialmente "desentulhar" ou organizar; é gerar liberdade. Porque quando temos menos bens materiais, economizamos energia, tempo e foco valiosos, que podemos direcionar para buscas mais significativas.

Eu experimentei os benefícios dessa realidade na minha própria vida. O minimalismo me deu a habilidade de realmente explorar o tópico de uma existência significante em mim mesmo e no que eu via no mundo. Comecei a pensar: *"Acumular mais e mais bens materiais é uma realização tola, quando paramos para pensar sobre isso, mas essa não é a única realização tola que existe. Então quais são algumas das outras distrações que eu vejo em minha vida? Ou na vida das pessoas próximas a mim? É possível viver com menos arrependimentos? Se sim, o que tanto impede as pessoas de desfrutarem de uma vida plena de forma que elas nem estejam percebendo?"*

Aos poucos, comecei a testar minha recém-descoberta liberdade para ver o que eu poderia fazer que ajudasse outras pessoas e me trouxesse felicidade. E para ser honesto, desde que a minha família descartou a maioria dos nossos bens materiais em 2008, tenho realizado muito mais em minha vida do que jamais pensei. E não porque eu seja especial, mas por que tenho propósito.

Posso destacar algumas coisas para você?

Tudo isso começou com um blog, o *Becoming Minimalist*, onde eu escrevo crônicas sobre minha jornada e meus pensamentos desde a primeira semana que comecei a praticar o minimalismo. O blog hoje em dia já alcançou 60 milhões de pessoas com a mensagem transformadora de se possuir menos. Criei uma página no Facebook, que também se chama *Becoming Minimalist*, que agora tem uma audiência de mais de 50 milhões de pessoas por mês. Meu canal no YouTube contabiliza milhões de minutos assistidos mensalmente. Escrevi quatro livros, comecei duas revistas digitais, desenvolvi um aplicativo e criei um curso online chamado Uncluttered, que já ajudou mais de 70 mil famílias a eliminar os excessos em suas casas. Viajei pelo mundo fazendo palestras, participei de vários documentários e fui entrevistado ou tive textos publicados em importantes veículos de comunicação ao redor do mundo.

Vem sendo uma aventura interessante. Porém não estou compartilhando esses fatos com um tom de orgulho (embora eu *seja* orgulhoso deles). Estou compartilhando essas conquistas para provar uma coisa: eu acredito, sem sombra de dúvidas, que minhas conquistas nos últimos anos estão *diretamente* relacionadas à minha busca por uma vida focada nas coisas que acredito que realmente importam.

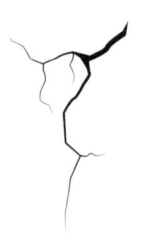
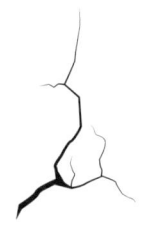

> Minhas conquistas nos últimos anos estão *diretamente* relacionadas à minha busca por uma vida focada nas coisas que acredito que realmente importam.

Por exemplo, como resultado do meu sucesso em promover o minimalismo, em 2015, fundei e custeei uma organização sem fins lucrativos chamada Hope Effect, que está atuando para mudar a maneira como o mundo cuida dos órfãos. Trabalhamos com prefeituras e governos estaduais em nações emergentes para encontrar soluções para a assistência a órfãos, com foco em alocar as crianças em famílias amorosas em vez de instituições de acolhimento. No momento em que este livro estava sendo escrito, estávamos atuando em cinco cidades ao redor do mundo para oferecer melhores cuidados às crianças órfãs.

Embora cada um de nós seja dotado de diferentes paixões, diferentes personalidades e diferentes capacidades, ter uma vida focada nas coisas que importam na maioria das vezes *sempre* vai resultar em mais conquistas e realizações do que jamais pensamos ser possível. Isso se mostrou verdadeiro para mim e pode ser verdadeiro para você, embora as conquistas particulares vão variar bastante. E o resultado líquido de tudo isso é uma vida com mais satisfação serena e menos arrependimentos carregados de ansiedade.

É possível viver esse tipo de vida. Eu mesmo a tenho experimentado — e testemunhei isso na vida do meu próprio herói.

Uma Vida Bem Vivida

Em 2012, meu avô de 90 anos, Harold Salem, pediu para que eu fosse até seu escritório. Eu conhecia aquele escritório muito bem. Vovô era pastor na mesma igreja em Dakota do Sul havia 53 anos, e os objetos em seu escritório sempre permaneceram os mesmos: a grande escrivaninha de madeira, a máquina de escrever, as prateleiras de livros e até mesmo a gaveta onde ele escondia doces. Eu o visitava toda vez que estava na cidade.

Contudo, ser chamado especificamente para encontrar o Vovô em seu escritório em um determinado dia e hora era novidade. Senti que aquela conversa não seria cheia de risadas e piadas ou sobre seu amado time de beisebol, o Minnesota Twins. Porém eu não sabia por que ele havia me convidado. E ele não quis me contar até que eu sentasse à mesa, à sua frente.

Ele começou nossa conversa assim: "Joshua, eu gostaria que você lesse as Escrituras no meu funeral. Este é o versículo que quero, e essa será a hora em que ele vai ser lido no velório." Ele deslizou uma folha de papel na minha direção, e ela estava intitulada como "Velório de Harold Salem". A passagem específica que eu leria da Bíblia estava claramente destacada, assim como os nomes de todo mundo que estava envolvido no funeral. Até mesmo os minutos definidos para cada parte estavam claramente listados.

Foi algo sombrio fazer uma prévia de como seria o funeral de um homem saudável, que estava sentado bem na minha frente.

O fato que meu avô havia planejado o próprio funeral não me surpreendia. Ele era esse tipo de cara. Como pastor por mais de 70 anos, ele havia participado de inúmeros velórios, e eu tinha certeza de que, ao longo do caminho, ele havia percebido como fazer pedidos específicos para o seu funeral é útil para aqueles que eventualmente vão planejá-lo.

O que mais me surpreendeu naquele momento, ao ponto de ficar na minha cabeça por anos depois, foi a segurança com que meu avô abordou não apenas o próprio funeral, mas também o fim de sua vida. Com segurança nos olhos, ele falou sobre a vida que viveu, a obra que realizou, e seu desejo de se reunir novamente com sua esposa de mais de 50 anos. Meu avô não se lamentava, de qualquer maneira visível, da chegada do fim dos seus dias na Terra. E deixe-me lhe contar algo importante: há poucas coisas mais inspiradoras do que olhar nos olhos de um homem que não teme a própria morte.

Vovô viveu até os 99 anos, com a mente afiada e trabalhando até o fim. Em dezembro de 2020, ele faleceu depois de uma luta breve contra uma pneumonia. Apesar de termos seguido as restrições do coronavírus, nós fizemos o funeral do jeito que ele planejou. E naquele dia, durante o meu discurso, contei aos ouvintes sobre o exemplo do Vovô de ter vivido de uma forma em que teve poucos arrependimentos.

A vida dele foi longa o bastante, como Sêneca afirmou, porque ele soube como a utilizar.

A Única Frase que Você Precisa Usar Diariamente para Definir Sua Intenção

Um antigo mentor meu, Robert Thune Sr., foi a primeira pessoa a compartilhar essa ideia comigo. Ele disse: "Todas as manhãs, antes de eu começar o meu dia, eu defino minha intenção com uma frase simples que começa assim: 'Hoje, eu me comprometo a _____.'" Eu sigo esse conselho e acho que você deveria tentar também.

O fim da frase pode ser preenchido com qualquer coisa que escolher. Por exemplo:

- Hoje, eu me comprometo a *ser a melhor mãe que conseguir.*
- Hoje, eu me comprometo a *ser um cônjuge fiel.*
- Hoje, eu me comprometo a *comer de maneira saudável.*
- Hoje, eu me comprometo a *ser altruísta.*
- Hoje, eu me comprometo a *orar toda vez que me sentir ansioso.*
- Hoje, eu me comprometo a *me dedicar ao objetivo de trabalho.*
- Hoje, eu me comprometo a *quitar minhas dívidas.*

Nós abordamos os objetivos importantes da nossa vida um dia de cada vez. Comece com um compromisso apenas para o dia de hoje e veja o que acontece. Se for necessário, você já pode mudá-lo amanhã.

Não Seja Deixado para Trás

Nós frequentemente ouvimos os arrependimentos das pessoas que estão prestes a morrer e somos avisados a evitar os erros delas. Porém é raro que nos ofereçam uma alternativa. Raramente recebemos o exemplo de um homem ou uma mulher que se depara com a morte com poucos arrependimentos. Quando isso acontece, temos a sabedoria de seguir o exemplo deles e fazer os ajustes que vão nos preparar para encarar nossa própria mortalidade com coragem e segurança. Meu avô foi uma dessas pessoas para mim.

Uma das coisas mais importantes que Vovô fez por mim foi me ensinar a passar meu tempo fazendo coisas que atendam às necessidades de outras pessoas. Certamente não há nada de errado em gastar tempo apreciando um pôr do sol, saindo para tomar um café com um amigo ou pintando uma aquarela só porque você quer fazê-lo. Na verdade, promovo o minimalismo, em parte, para que as pessoas tenham margem para relaxar e apreciar os pequenos momentos de alegria e beleza na vida. Contudo, nossos objetivos pessoais não precisam, e não devem, excluir os objetivos que têm outras pessoas como foco. No fim, realizações que ajudam os outros são as mais influentes, as mais duradouras, e eu diria que são até mesmo as mais gratificantes para nós.

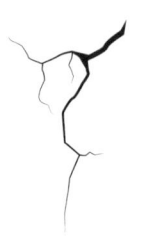

> Realizações que ajudam os outros são as mais influentes, as mais duradouras, e eu diria que são até mesmo as mais gratificantes para nós.

Espero que você tenha em sua vida um modelo de serviço significativo para os outros. Porém, mesmo que não tenha, você pode se tornar um modelo para outras pessoas ao dar o exemplo, colocando de lado objetivos menos importantes para ir atrás das coisas que realmente importam. É assim que evitamos arrependimentos. Agora é hora de começar.

Você foi criado para alcançar grandes coisas! Você é único no seu jeito de ser, na sua personalidade, nas suas habilidades e nos seus relacionamentos. E não há ninguém na face da Terra que possa viver sua vida e realizar as coisas boas que você vai alcançar. Por favor, não se esqueça disso.

Não há dúvidas de que *sucesso* e *conquista* são palavras relativas, e sua maior conquista é diferente da de outra pessoa. Você pode nunca chegar a liderar milhares de pessoas, ou curar o câncer, ou abrir uma ONG. Entretanto, não se engane: você foi criado para trazer uma coisa boa para este mundo que apenas você pode realizar, e há pessoas em sua vida às quais você pode servir e amar melhor do que qualquer outra pessoa. Leia esta frase novamente. *Há pessoas em sua vida às quais você pode servir e amar melhor do que qualquer outra pessoa.*

Sua maior conquista vai ser diferente da minha, mas nós dois temos uma conquista. E a vida é longa o suficiente para nós a alcançarmos. Arrependimento não é inevitável.

O Inimigo

Agora temos que fazer uma pergunta difícil: se ir atrás do que importa é tão bom, por que não há mais de nós indo atrás dos objetivos que mais desejamos? Por que não estamos focando nossos propósitos, que vão nos trazer alegria e plenitude dia após dia, levando a um sentimento de satisfação no fim da vida?

Respondendo em uma palavra: por causa de *distrações*.

Coisas que nos atrapalham.

Elas podem ser coisas que aparentemente têm de ser feitas o quanto antes. Ou coisas que supomos que deveríamos fazer porque todo mundo está fazendo. Ou coisas das quais gostaríamos de escapar se soubéssemos como. Ou coisas que são levemente gratificantes, ao mesmo tempo que são fáceis e seguras. Mas elas não são coisas que realmente importam.

O inimigo da intencionalidade e de uma vida bem vivida é a distração. Conheça o seu inimigo.

2

Distraídos do Significado

Deixando que Fatos Menores Sobrepujem os Maiores

Aquilo que nos distrai começará a nos definir.

— BOB GOFF

Como nunca ocorreu antes, hoje estamos distraídos pelo que é trivial, pela novidade e pelo que é (aparentemente) urgente. Todo dia, ao acordar, nós nos deparamos com informações ilimitadas e comunicação 24 horas por dia, 7 dias por semana. O consultório do dentista quer que você responda "SIM" para confirmar a consulta. Promoção relâmpago — aproveite agora! A prévia de um e-mail aparece no canto da sua tela. A notícia de uma tragédia que acabou de acontecer do outro lado do mundo. Fofocas de celebridades. Bipes, toques de celular, notificações, lembretes na agenda e vibrações. O que uma pessoa de posição política igual à sua respondeu a um opositor. A última postagem do blog *Becoming Minimalist* (não, espere aí, essa é uma distração *boa*).

Onde eu estava mesmo?

Ah, sim, nós somos distraídos pelo trivial, pelas novidades e por coisas urgentes. Chegaremos ao tema das distrações das redes sociais, das informações e do entretenimento no Capítulo 10. Porém, antes de chegarmos lá, há uma conversa mais importante que precisamos ter. Porque a verdade é que as distrações vindas dos nossos celulares, computadores e outros aparelhos eletrônicos estão longe de ser todo o problema quando falamos sobre sair dos trilhos que nos levam ao que mais importa para nós e para o mundo ao nosso redor.

Nossas distrações mais recentes baseadas na tecnologia e na mídia são apenas complementos para distrações antigas, que vêm assolando a humanidade por inúmeras gerações, como confundir prioridades ou enxergarmos a nós mesmos e a outras pessoas de uma maneira que não ajuda. São questões internas, antes de serem externas. Esses são tipos de distrações que nós temos a tendência de ignorar, mas, ainda assim, eu poderia argumentar que elas na verdade se apresentam como os obstáculos mais preocupantes para se viver pelo que realmente importa. Então, de agora em diante, é nisso que vou concentrar a maior parte da minha atenção (e da sua). Temos que olhar para o que está acontecendo em nossos corações se pretendemos abrir um caminho para buscar os maiores desejos de nossas almas. Este não é um livro sobre culpar circunstâncias externas; ele trata de olhar para o seu interior.

Deixe que eu lhe prove que distração não é apenas uma experiência dos tempos modernos — e que resistir a ela é uma batalha que vale a pena enfrentar.

Uma Breve História da Distração

Sêneca — o mesmo filósofo romano que nos contou no Capítulo 1 que a vida pode ser longa o suficiente — também disse: "Não haverá um momento em que novas distrações deixarão de aparecer; nós as semeamos e, assim, muitas delas crescerão da mesma semente."[1]

Distrações de uma vida significativa são uma cultura que vem prosperando abundantemente desde que os seres humanos existem. E desde sempre as pessoas tentam descobrir como controlar as distrações.

> ✗ Na era dourada da Grécia Antiga, o filósofo Sócrates criticava a escrita à mão porque acreditava que ela distrairia as pessoas do pensamento puro.

⚡ Por volta de 366 a.C., um jovem ateniense chamado Demóstenes, que desejava desenvolver habilidades de oratória, afastou-se das distrações construindo um local de estudo subterrâneo onde podia praticar seus discursos (ele também raspou metade de sua cabeça para que tivesse vergonha demais para sair em público).[2]

⚡ Para evitar a tentação e dedicar-se à oração, Antão, o Grande, o famoso "padre do deserto" do início da Era Cristã, viveu por vinte anos sozinho no Egito em um forte romano abandonado.

⚡ Em um livro de medicina publicado em 1775, o médico alemão Melchior Adam Weikard diagnosticou "falta de atenção" como um problema de saúde e prescreveu remédios como leite azedo, pó de aço e andar a cavalo.[3]

⚡ Alguns dos atuais engenheiros e líderes empresariais do Vale do Silício tomam pequenas doses regulares de LSD ou de cogumelos mágicos, acreditando que isso deixa a mente concentrada e faz com que eles sejam mais produtivos.[4]

Ler que os seres humanos vêm lutando contra as distrações desde muito antes da primeira postagem em uma rede social ou do nascimento dos smartphones nos faz lembrar que uma busca focada no que realmente importa é um chamado na vida de cada um. Também podemos encontrar incentivo em outras pessoas que venceram as distrações para viver vidas significativas, pois isso significa que nós também somos capazes de fazê-lo.

Quando uma Distração Se Torna um Estilo de Vida

Na pesquisa "O que Realmente Importa", perguntamos: "Você sente que está gastando tempo e recursos buscando coisas de menor importância à custa daquelas que mais lhe importam?" Mais de três quartos — 76% — dos entrevistados responderam: "Sim, as distrações me afastam de buscas importantes." (Precisamente, 40% responderam "Às vezes"; 20%

responderam "Com frequência"; e, o mais triste de tudo, 16% responderam "Sempre".)

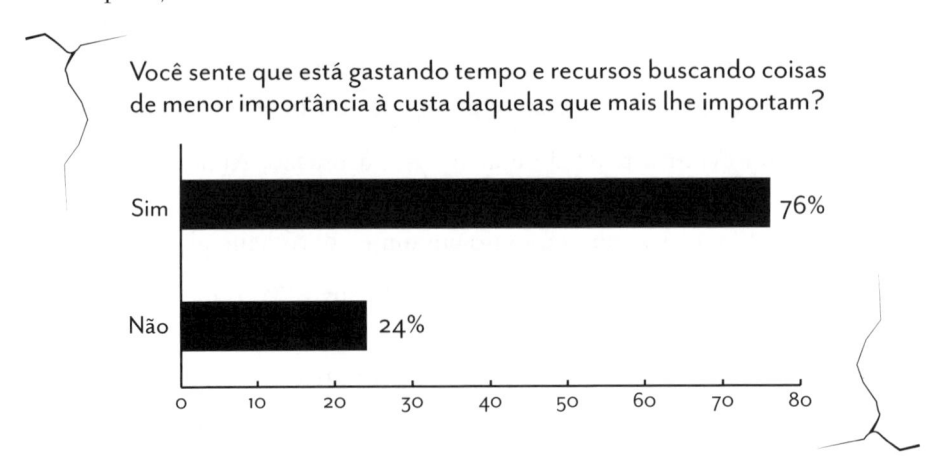

Você sente que está gastando tempo e recursos buscando coisas de menor importância à custa daquelas que mais lhe importam?

Sim 76%

Não 24%

Também perguntamos: "Essas distrações estão se tornando um problema maior ou menor na sua vida?" Mais da metade — 52% — disse que as distrações das suas maiores prioridades estavam aumentando, enquanto 32% disseram que as distrações estavam diminuindo. (O restante dos entrevistados não tinha certeza.)

Qual é a conclusão que tiro disso? A distração é um grande problema, que não está melhorando, e todos nós estamos cientes disso.

Agora, é claro, nem todas as distrações são sempre ruins. Muitas vezes, não há nada de errado em fazer coisas que distraiam nossa mente — como assistir a um programa de TV, ou ler um romance, ou praticar jardinagem, ou qualquer outra coisa que nos entretenha ou relaxe. Às vezes, precisamos de uma distração do nosso trabalho ou dos nossos problemas — e é aí que as distrações são boas.

Porém as distrações têm um caráter duplo. "A única coisa que nos consola das nossas misérias é a distração", disse o polímata do século XVII, Blaise Pascal. "Contudo, essa é a maior das nossas misérias. Porque é isso, acima de tudo, que nos impede de pensar sobre nós mesmos, e que nos leva imperceptivelmente à destruição."[5]

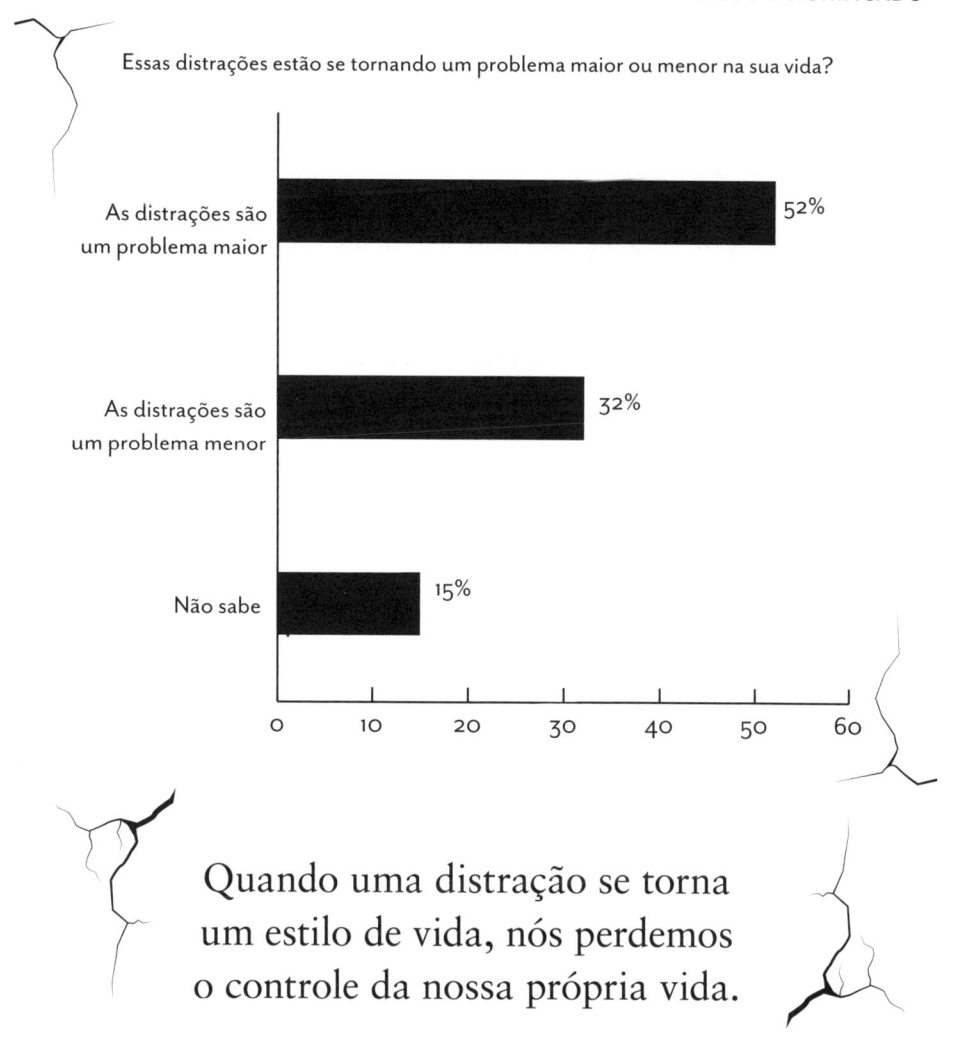

Essas distrações estão se tornando um problema maior ou menor na sua vida?

- As distrações são um problema maior — 52%
- As distrações são um problema menor — 32%
- Não sabe — 15%

Quando uma distração se torna um estilo de vida, nós perdemos o controle da nossa própria vida.

O problema começa quando as distrações assumem o controle de nossas vidas e afastam buscas mais importantes. O prazer das distrações pode deixar de ser um passatempo ocasional para se tornar algo enraizado em nossos estilos de vida. Isso é o que acontece quando passamos todo o nosso tempo livre jogando. Ou quando nos exercitamos tanto que nosso treino não nos dá energia; ele a esgota. Ou quando ficamos fazendo compras por horas porque não queremos voltar para casa. Ou quando alimentamos ambições profissionais que se tornam vício em trabalho. Se esse comportamento continua, então corremos o risco de chegar ao fim da vida nos perguntando: *Por que eu desperdicei a vida com coisas que não importam? Queria ter tido mais tempo.*

Quando uma distração se torna um estilo de vida, nós perdemos o controle da nossa própria vida. Nós perdemos a intencionalidade.

Como as Distrações Dominam a Vida

Poucas distrações *começam* como um estilo de vida. A princípio, elas são simplesmente divertidas e interessantes. Nós curtimos um novo jogo, o novo programa de televisão, o hobby novo ou o site novo. Gostamos do celular novo, da loja nova ou da nova ideia que pode se tornar a nova oportunidade em nossas vidas para ganharmos dinheiro.

Algumas coisas nos atraem mais rapidamente do que outras. Contudo, na maioria das vezes, o mais novo objeto é apenas uma distração bem-vinda da difícil tarefa que é viver.

Porém aos poucos a nova distração começa a demandar mais tempo e mais energia. Nós melhoramos, ou investimos mais, ou encontramos mais prazer nela, ou começamos a fazer mais dinheiro com ela. Começamos a nos ajustar para dedicar ainda mais tempo a ela.

Logo criamos razões pelas quais é bom nos dedicarmos ainda mais à distração. Roubamos minutos aqui e ali para aproveitá-la. Contudo, o número de horas do dia não muda. No fim, começamos a sacrificar as coisas mais importantes a fim de nos entregarmos ainda mais às distrações. Antes que percebamos, elas se tornaram um modo de vida, não um desvio saudável dos nossos problemas.

A *distração* agora se tornou um *estilo de vida...* E perdemos parte do controle sobre nossas vidas por causa dela.

Às vezes, identificamos isso imediatamente e nos corrigimos. Entretanto, em outras ocasiões, anos são desperdiçados, relacionamentos são perdidos, e objetivos são jogados pela janela de maneira lenta e sutil.

Com riscos como esses, distrações deveriam ser uma preocupação maior do que costumam ser.

Como Colocar as Distrações em Seus Devidos Lugares

Como reagir quando as distrações têm se tornado nossas mestras, e não nossas servas?

Em primeiro lugar, podemos permanecer vigilantes em nossa autoanálise. Devemos sentar a sós em silêncio frequentemente, examinando a trajetória de nossas vidas e as distrações que nos impedem de sermos a nossa melhor versão. Os próximos oito capítulos serão um auxílio para sua autoanálise.

Em segundo lugar, nós podemos verbalmente articular quais distrações estão nos impedindo de fazer nossa melhor obra, afastando-nos daqueles que mais amamos ou nos impedindo de cumprir nosso propósito maior. Como mencionei, à primeira vista, essas distrações nem sempre parecem prejudiciais — mas, se elas transbordaram para áreas às quais não pertencem, podem realmente passar a ser.

Em terceiro lugar, podemos ser diligentes e intencionais em remover essas distrações. Isso pode ser difícil e requer momentos de combate em nosso interior. Mas aprenda a lutar.

Por fim, é importante nos lembrarmos do valor das tarefas mais importantes diante de nós. Sua obra mais importante nunca será a mais fácil — na verdade, provavelmente será uma das coisas mais difíceis que você vai fazer. Ser um pai consciente, um cônjuge amoroso, um empregado leal, um artista inspirador, um bom chefe ou um membro altruísta da comunidade nunca é o caminho mais fácil de se percorrer. Porém, no longo prazo, é aí que se pode encontrar mais alegria e felicidade do que em qualquer outro lugar.

As distrações não lhe definem. *Você* define quem você é.

E alguns dos homens e mulheres mais admiráveis que conheço são pessoas corajosas o suficiente para corrigir seu estilo de vida e mirar em objetivos mais importantes.

Mudança de Turno

Agora aposentado, Ed Townley costumava ser um executivo na Agri-Mark, uma cooperativa de laticínios no nordeste dos Estados Unidos, mais conhecida pela marca Cabot, de produtos de queijo. Na época em que eu morava em Vermont, eu o conheci como o pai amoroso de dois garotos adotados, um marido fiel e membro de vários conselhos de organizações sem fins lucrativos, incluindo o das Olimpíadas Especiais.

Ed alcançou a posição de CFO da Agri-Mark ao dedicar longas horas, além de seus talentos consideráveis, ao trabalho. Uma coisa que importava muito tanto para ele quanto para sua esposa quando eles eram jovens era o sucesso empresarial, e Ed foi atrás disso agressivamente. Ele era bom no cargo, dedicado às tarefas, e via o trabalho como um serviço para os fazendeiros e consumidores.

Entretanto, ele percebeu que o foco da sua energia precisaria ser realinhado quando ele e a esposa, Jennifer, adotaram o segundo filho.

"Eu havia vivido de um jeito por muitos anos", ele me contou em uma ligação telefônica recente. "Mas logo vi que minha esposa precisava de um novo Ed. E eu sabia da responsabilidade que seria necessária em casa."

Então Ed buscou o tipo de reajuste de vida que poucos têm coragem suficiente para fazer.

"Eu fui até o meu chefe um dia e disse simplesmente: 'Você sabe que desde que comecei a trabalhar aqui fui o primeiro a chegar, algumas vezes o último a sair e quase sempre estive disponível para trabalhar aos fins de semana quando foi necessário. Porém minhas responsabilidades em casa mudaram com a chegada do nosso segundo filho. A partir de agora, vou embora todas as noites às 5h em ponto, sem falta. Jennifer precisa de mim em casa. Claro, ainda vou dar o melhor de mim enquanto estiver aqui. Contudo, meus valores foram reajustados.'" O coração de Ed trepidava enquanto ele fazia esse comunicado.

O chefe ficaria ofendido? Ele seria demitido ou perderia a chance de avançar mais?

Nada disso aconteceu. O chefe entendeu e concordou com a mudança.

Na verdade, não só o chefe, mas também as outras pessoas do escritório compreenderam. "Meus colegas de trabalho sabiam que todo dia eu iria embora às 5h. E eles aprenderam a respeitar isso — rapidamente, aliás. Se precisassem de mim, eles não poderiam entrar em meu escritório cinco minutos antes das 5h. Eles aprenderam a pedir ajuda mais cedo no dia."

Independentemente do sacrifício de carreira que ele poderia estar fazendo, Ed sabia que era a decisão correta. Sua carreira não podia mais ser o único determinante do seu estilo de vida. Agora, ele tinha responsabilidades mais importantes.

Anos depois daquele momento decisivo na vida de Ed, perguntei a ele: "Você se manteve firme naquela decisão?"

"Joshua", disse, "nem uma única vez fiquei no escritório após as 5h da tarde, depois daquele dia. Aliás, quando virei CEO, a empresa mudou a reunião de trabalho anual deles para se adaptar à minha decisão."

O trabalho ainda era importante para ele. Porém *trabalhar demais* o afastaria da sua prioridade maior — a família. E ele foi corajoso o suficiente para corrigir isso.

Ed continuou a prosperar no emprego, encerrando sua carreira como presidente da Agri-Mark. O mais importante foi que sua família também prosperou. Algo novo que importava muito para ele aconteceu, e ele mudou suas prioridades para focar aquilo.

O Desafio É Grande, mas as Recompensas São Ainda Maiores

As distrações estão aqui e não vão embora tão cedo. O que significa que nunca é tarde demais ou cedo demais para se aprender a dizer não a elas, e fazê-lo repetidamente.

Cada capítulo a seguir aborda uma distração que nos impede de viver com mais significado e menos arrependimento.

1. *A distração do medo.* Muitas pessoas nem começam a perseguir seus sonhos, ou desistem cedo demais, porque têm medo de algo.

2. *A distração dos erros do passado.* Para muitos, nunca superar erros que cometeram ou as falhas dos outros impede que progridam no que importa para si.

3. *A distração da felicidade.* Quando tentamos satisfazer nossa busca por felicidade com buscas pessoais, sempre acabamos sentindo falta das formas mais verdadeiras e duradouras de felicidade.

4. *A distração do dinheiro.* O desejo de dinheiro faz com que muitos sacrifiquem suas verdadeiras paixões e objetivos apenas para conseguir mais.

5. *A distração dos bens materiais.* Todas as coisas que possuímos estão constantemente chamando a nossa atenção.

6. *A distração da aclamação.* Ancorar nosso valor próprio na aprovação alheia afeta negativamente as decisões que tomamos e as vidas que escolhemos.

7. *A distração do lazer.* Muitas pessoas estão mais focadas em chegar ao fim de semana, às férias e à aposentadoria do que em fazer as coisas pelas quais somos apaixonados.

8. *A distração da tecnologia.* Aqui está um problema que caracteriza praticamente todos nós nesta era saturada pela tecnologia — com todas essas postagens, notificações, alertas, manchetes e toques de celular.

É claro que essas não são as únicas distrações que enfrentamos, mas são algumas que vejo constantemente. Elas também são distrações poderosas, o suficiente para nos tirar dos trilhos que nos levariam aos nossos objetivos e propósitos mais desejados.

Vou apresentar princípios cruciais para superarmos cada uma dessas distrações. Como você pode ver na lista anterior, aquelas não são distrações fáceis de se superar. Este livro vai além de passar um elástico em volta do seu celular para lembrá-lo de usar menos o aparelho. Os passos que apresento são orientações para fazer o trabalho árduo de eliminar distrações pessoais, sociais e culturais. Nós vamos declarar guerra às distrações todos os dias, para derrotá-las e para nos alinharmos com buscas maiores.

Mas lembre-se: ir em busca do que realmente importa é aproveitar ao máximo a vida e descobrir plenitude nela. Então, ainda que eliminar distrações possa parecer um sacrifício, na verdade é uma empreitada que compensa, no final das contas. Você pode começar a se sentir mais satisfeito e menos arrependido a respeito de sua vida ainda hoje, se apenas tomar a decisão de viver pelas coisas e pelas pessoas que importam.

Acredito que pouquíssimas pessoas querem desperdiçar a única vida que receberam. A maioria *quer* focar o que realmente importa. Então o problema não é não termos paixão por encontrar significado; o problema é que nosso foco geralmente é desviado dele.

O problema não é não termos paixão por encontrar significado; o problema é que nosso foco geralmente é desviado dele.

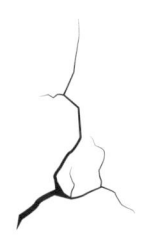

Dizem que "Os dois dias mais importantes da sua vida são o dia em que você nasceu e o dia em que você descobre a razão de ter nascido".[6] Gosto de acrescentar um terceiro: o dia em que você joga fora as distrações que o impedem de realizar essa razão.

Você está pronto para lidar com as distrações?

Pule Enquanto Pode

Há alguns anos, passei uma semana com minha família na Costa Rica. Existe muita coisa para se ver e fazer naquele lindo país, e eu, minha esposa e nossos filhos (que tinham 11 e 15 anos na época) aproveitamos muito a viagem.

Em uma tarde, fomos a um passeio de catamarã para avistar golfinhos, ver o pôr do sol e curtir um jantar no mar. Durante uma parada panorâmica no nosso tour, o barco foi ancorado e o capitão convidou a todos para descer do barco, mergulhar de snorkel e nadar.

O capitão também chamou os passageiros para pular no mar do convés superior do catamarã, se quisessem. Como você pode imaginar, os garotos adolescentes e os jovens adultos foram os primeiros a tentar dar o mergulho do alto. Alguns o fizeram graças à pressão dos colegas, mas a maioria dos garotos estava mais do que feliz em pular (e tentar impressionar as garotas que vieram com eles).

Enquanto o barco estava ancorado, olhei em volta para os outros participantes do tour e notei pela primeira vez quantas pessoas idosas estavam a bordo. Eles estavam apreciando a vista, mas claramente não tinham nenhuma intenção de sair do barco para nadar ou mergulhar, muito menos pular oito metros do topo do barco até a água.

Interrompendo meu pensamento, minha esposa perguntou se eu pularia com os outros.

"Sim", respondi. "Eu vou pular... enquanto ainda posso."

Eu tinha 43 anos naquela época, estava saudável e em boa forma. Provavelmente virá o dia em que não serei capaz de pular oito metros de um barco. Entretanto, aquele não era esse dia. Naquele dia, eu poderia pular. Então decidi que pularia.

Há momentos cuja importância de significado é difícil de comunicar com palavras. As circunstâncias são perfeitas; as emoções estão em perfeito alinhamento; a vontade está ali. Aquele foi um desses momentos para mim. Eu tinha que pular. Não queria me arrepender de ter perdido a oportunidade.

Talvez este seja um desses momentos para você, em que o assunto é mudar o foco e viver de maneira mais intencional pelo que realmente importa. Talvez seja a hora de você pular enquanto pode.

PARTE 2

DISTRAÇÕES DE UMA VONTADE PARALISADA

3
Sonhos Ofuscados
Superando a Distração do Medo

Daqui a vinte anos você estará mais desapontado com as coisas que você deixou de fazer do que com as coisas que você fez.

— SARAH FRANCES BROWN

Taylor, uma inteligente e atraente jovem em seus 20 anos, trabalha na seção de perfumes em uma loja grande em Santa Mônica para quitar seus empréstimos estudantis e outras contas. Ela gosta do trabalho e está dando o melhor, mas não é o tipo de emprego no qual ela quer permanecer no longo prazo.

No começo da sua temporada no balcão de perfumes, Taylor aproveitou uma folga entre um cliente e outro para conhecer melhor a outra vendedora. Elas compartilharam um pouco de suas histórias. Taylor disse: "O que eu realmente quero fazer é design gráfico. Foi para isso que estudei na faculdade, e é o que amo. Já consegui alguns trabalhos de meio período fazendo design de sites de internet. É apenas questão de tempo até eu ter trabalhos suficientes para dar o passo de largar este emprego e me concentrar em administrar meu próprio estúdio e atender pessoas com necessidades relacionadas ao design gráfico."

A outra vendedora, Jiao, apesar de interessada, estava séria enquanto ouvia os planos de Taylor. "Eu te admiro por seguir seus sonhos", disse.

"Queria ter feito o mesmo. Eu nunca pensei que chegaria aos 39 anos ainda fazendo isso."

"Bem, por que você não tenta algo diferente?", perguntou Taylor.

"Não dá, é tarde demais" disse Jiao e se afastou.

Taylor é uma amiga minha, e foi ela que me contou essa conversa. "Sinto pena de Jiao", Taylor explicou. "É como se ela preferisse ficar infeliz do que ficar desconfortável."

Eu não sei nada sobre a história de Jiao e não cabe a mim julgá-la, mas reconheço a situação que Taylor descreveu. Muitas pessoas preferem ficar desapontadas e insatisfeitas fazendo coisas seguras do que passar pela ansiedade de perseguir sonhos e objetivos valiosos. Lamentavelmente, elas preferem um status quo seguro e sem significado em vez de assumir um risco que pode levar ao fracasso — *ou* ao sucesso.

Talvez, se elas levassem em consideração o grande potencial de arrependimento antes do fim da vida, isso seria o suficiente para ajudá-las a escolher o risco em vez da rotina à qual elas estão presas. E, convenhamos, algumas realizações da vida valem o risco.

Medos que Nos Impedem de Tentar

Por um lado, existe, de fato, algo como o medo bom. Uma dose saudável de cautela pode impedi-lo de fazer coisas das quais vá se arrepender depois. Por outro lado, também existe o medo ruim. Um sinal de maturidade é aprender a distinguir os dois.

Muitas pessoas nunca dão o primeiro passo na direção que consideram significativa porque acham que será muito difícil de alcançá-la. Ou apenas fazem tentativas com pouco comprometimento, fadadas ao fracasso, o que equivale a não tentar. Algo as impede de arriscar, e geralmente é alguma forma de medo ruim. O tipo mais comum é a atiquifobia, ou cacorrafiofobia, o medo do fracasso.

Cinco Sinais de que o Medo do Fracasso Está Impedindo Você de Viver o Melhor da Vida

Se não for controlado, o medo do fracasso vai impedi-lo de alcançar seu pleno potencial. Então, seja num grau alto ou baixo, é importante saber se estamos enfrentando esse tipo de medo.

Aqui estão cinco sinais de que o medo do fracasso pode estar afetando-o:

1. *Você procrastina ou evita responsabilidade frequentemente.* Quanto mais ansiedade e medo você sentir em relação a alcançar um objetivo, maiores são as chances de você protelar fazer algo para alcançá-lo.

2. *Você não assume o comando do seu próprio futuro.* Quando o medo do fracasso está presente, a iniciativa se esvai. É mais fácil aceitar o que acontece com você do que assumir o risco de traçar seu próprio futuro em torno de seus objetivos, de seus sonhos e de seu potencial.

3. *Você estabelece expectativas baixas para si mesmo.* Pessoas que temem o fracasso constantemente estabelecem padrões baixos para si, esperando que a baixa expectativa reduza a sensação de fracasso. Claro que, ao mesmo tempo, isso reduz suas conquistas e seu potencial.

4. *Você duvida de si mesmo.* Ninguém é perfeitamente capaz de tudo. Contudo, se as pessoas ao seu redor acreditam em você e lhe dizem que você pode realizar algo e, ainda assim, você duvida de si mesmo a ponto de nunca tentar, o medo do fracasso está o atrapalhando.

5. *Seu medo resulta em doenças físicas.* O estresse e a ansiedade podem ter muitas causas. Se você sofre de dores de cabeça frequentes, dores no estômago, ataques de pânico ou outras enfermidades induzidas pelo estresse em torno de objetivos novos ou desafiadores, elas podem ser decorrentes do medo do fracasso.

Em uma postagem que saiu (convenientemente) na época do Halloween, a empresa de produtividade social Linkagoal publicou os resultados de uma pesquisa sobre o que mais nos amedronta. Na enquete sobre o Índice do Fator do Medo, 31% dos entrevistados disseram que temiam o fracasso. Como eles observaram em uma postagem de blog com os resultados: "Quando se trata de alcançar objetivos, medo de fracassar foi uma das principais razões pelas quais quase metade dos entrevistados não alcançou um objetivo nem tentou outra vez; 49% dos entrevistados disseram que o medo do fracasso era um grande percalço, com o medo de passar vergonha (44%) e medo do objetivo ser muito difícil de alcançar (43%) vindo logo depois."[1]

Tenho visto que o medo do fracasso distrai muitas pessoas de buscas que podem transformar suas vidas.

Tenho um amigo, David, que é um jornalista de sucesso. E, como muitos jornalistas, ele manteve por muito tempo o desejo secreto de escrever um romance. Entretanto, ficava enrolando. Ele dizia para si mesmo: *Preciso fazer uma reserva porque escrever um romance é uma tarefa que consome tempo e pode acabar não rendendo um centavo.* Era verdade. Porém também se tornou uma desculpa.

Ele teve uma versão de atiquifobia. *E se eu escrever um livro, não for bom e ninguém o ler?*, perguntava a si mesmo. Se isso acontecesse, David não seria mais capaz de dizer para si mesmo: *Eu tenho o potencial de escrever uma ótima história.* Porque se ele tivesse dado o seu melhor e falhado, uma parte de sua autopercepção seria questionada. Um sonho que ele havia cultivado por tanto tempo seria frustrado.

Contudo, enquanto o tempo passava, ficava cada vez mais difícil para David convencer a si mesmo que havia tempo de sobra para realizar seu sonho. Quando ele chegou à meia-idade, ele era um jornalista de sucesso, mas nunca tinha escrito nada de ficção. Para que o potencial se tornasse realidade, ele tinha que começar. Além disso, ele estava começando a se sentir mal consigo mesmo, como se fosse um covarde.

David finalmente decidiu que a possibilidade de nunca escrever o livro era pior do que escrever e vê-lo se tornar um fracasso. Hoje ele está escrevendo seu romance. Será que vai vender bem? Se sim, quantas estrelas será que os críticos vão dar? Ele não sabe, e eu não sei. Contudo, admiro meu amigo por estar tentando. Ele já se sente melhor consigo mesmo porque superou seus medos.

Meu amigo David lhe diria que se arrepende de não ter começado a escrever ficção vinte anos atrás. Entretanto, devido ao medo, algumas pessoas *nunca* passam a viver pelas coisas que realmente importam.

Um monte de pessoas tem um ou mais medos, que, combinados, impedem-nas de ir atrás de objetivos que gostariam de alcançar. Objetivos como:

- Abrir um negócio.
- Mudar-se para outro estado.
- Mudar de carreira.
- Pedir uma promoção ou um aumento.
- Procurar um emprego novo.
- Liderar um grupo.
- Começar uma amizade.
- Entrar para um clube.
- Realizar um encontro na vizinhança.
- Começar a ir para a academia.

Posso pensar em várias pessoas que querem fazer coisas desse tipo, mas deixam os medos e a ansiedade as impedir. O que o medo está impedindo *você* de fazer?

Medos que Nos Impedem de Tentar *Novamente*

Às vezes, o medo não nos impede de começar, mas de tentar novamente. Superar o medo não é um ato único, mas uma habilidade para se desenvolver por toda a vida. Sua primeira tentativa (ou a segunda ou a terceira) de ir atrás de algo significativo pode não correr tão bem quanto você gostaria, mas, para ter sucesso nisso um dia, você terá que tentar de novo.

Ainda que você seja bem-sucedido, o sucesso traz consigo seus próprios desafios, que podem causa ansiedade. E se, por exemplo, seu projeto tiver sucesso a ponto de que, naturalmente, seu próximo passo seja falar em público? Para algumas pessoas, falar em público é mais assustador do que pensar na morte. Ou, e se você perder um pouco de privacidade? E se você ficar tentado pelo poder? Esses são medos do sucesso, e não do fracasso.

A pesquisa da Linkagoal mostra como o medo pode estragar o espírito de "seguir tentando novamente", qualquer que seja a razão pela qual nosso progresso tenha estagnado. O Índice do Fator do Medo indicou que os três maiores medos que impedem as pessoas de tentarem alcançar um objetivo pela segunda vez incluem o medo do fracasso (43%), o medo de ser velho(a) demais (37%), e o medo da falta de apoio da família e dos amigos (37%).[2]

Não somos uma cultura que admite o fracasso, especialmente na era do Photoshop e vídeos das redes sociais cheios de filtro. Nós adoramos anunciar nossos êxitos, mas apenas poucos debatem abertamente suas falhas — e geralmente isso acontece em um contexto de como eles, no fim, acabaram tendo sucesso. Entretanto, de um jeito ou de outro, todo mundo lida com o fracasso. Se você tentou fazer alguma coisa e falhou, você está em boa companhia — na companhia de muita gente. O que separa aqueles que não têm arrependimentos daqueles que os têm é a forma com eles reagem ao fracasso.

Uma autora que nunca havia publicado chamada Joanne escreveu um livro infantil que ela acreditava que daria certo. Infelizmente, as editoras não estavam tão seguras disso — uma dúzia delas rejeitou seu manuscrito. Joanne pendurou sua primeira carta de rejeição na parede da cozinha para se motivar a continuar. E ela continuou, até que uma editora finalmente apostou nela.

Nós conhecemos essa autora como J. K. Rowling. Sua série de livros Harry Potter se tornou o fenômeno do público *young adult* dos tempos modernos[3]. Um jogador de basquete declarou em uma propaganda na televisão: "Eu errei mais de 9 mil arremessos na minha carreira. Perdi quase 300 jogos. Confiaram em mim 26 vezes para fazer o arremesso decisivo de uma partida, e eu falhei. Falhei repetidamente durante a minha vida. E é por isso que tive sucesso."[4]

E teve mesmo. De acordo com a ESPN, Michael Jordan foi o maior jogador da NBA de todos os tempos.[5]

Você pode estar pensando, *Bem, essas histórias não se aplicam a mim. Eu não sou a J. K. Rowling ou o Michael Jordan*. E é verdade. Você provavelmente nunca vai ser um escritor que pode se dar o luxo de viver em uma casa de campo na Escócia ou uma estrela de basquete que tem uma linha de calçados esportivos com o seu nome. Mas você não precisa ser. Há um propósito e um bem a ser trazido para esse mundo para os quais você foi projetado. Permitir que o medo o impeça de fazer isso seria uma pena indescritível.

 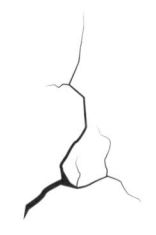

> Há um propósito e um bem a ser trazido para esse mudo para os quais você foi projetado.

Esses tipos de histórias de celebridade geralmente são contadas para motivar outras pessoas a persistir e não desistir. Contudo, há nelas uma mensagem mais básica para nós. Antes que possamos continuar, nós temos que *superar o medo que pode nos levar a desistir.*

Seu Próprio Sabotador

Randy tem 40 e poucos anos; ele é pequeno e atarracado e usa barba bem aparada. É um homem de família e gerente de desenvolvimento de produto. Trabalha arduamente e sustenta a família, mas ele seria o primeiro a admitir que não está alcançando a totalidade da obra para a qual ele sente que é chamado. Ele até me confidenciou recentemente que lida com o medo do fracasso diariamente e que vem sabotando cada emprego bom que já teve — não porque o medo o impede de tentar, mas porque o impede de ter sucesso pleno.

"Quando eu era menino, me diziam constantemente que eu não servia para nada e que eu nunca alcançaria nada significativo na vida", ele me contou. "E não importa para onde a vida me leve ou o quanto eu tenha sucesso, não consigo esquecer aquelas palavras que me foram ditas pelas pessoas que eu mais amava. Na minha mente, é apenas uma questão de tempo até que eu arruíne tudo."

Ele prosseguiu para explicar como o sucesso na carreira não eliminava aquelas crenças; pelo contrário, parecia reforçá-las.

"Não importava o quão longe eu chegava em uma empresa, e não importava quantas palavras gentis eram ditas para mim pelo meu chefe. Eu acreditava do fundo do meu coração que eu não servia para nada. Mesmo quando tudo estava indo bem e eu estava me destacando no meu trabalho, vivia com medo constante de que meu patrão eventualmente descobriria que eu não servia para nada. Por causa desse medo, eu costumava recusar oportunidades de crescimento ou expansão na empresa. Parecia que, quanto mais eu subia, mais medo de ser descoberto eu tinha. No fim, em cada cargo que assumia, eu me demitia e ia para outro lugar para começar tudo de novo. Eu tinha muito medo de ser descoberto."

O medo do fracasso de Randy (por causa das mensagens que lhe haviam sido passadas durante sua infância) o impediu de ter o sucesso pleno em um papel para o qual ele era perfeitamente projetado. "Isso me atormenta todos os dias", ele disse. "Larguei cada trabalho maravilhoso que consegui. Não porque eu não era capaz de realizá-los, mas por causa do medo." A história do meu bom amigo ilustra como o medo do fracasso pode nos distrair do nosso potencial máximo, ainda que sejamos capazes de iniciarmos a busca por um objetivo.

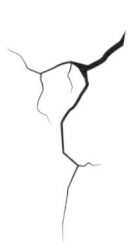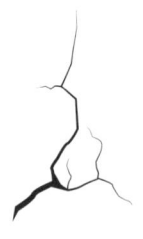

A distração do medo pode estar impedindo você de alcançar seu potencial máximo de maneiras significativas.

Não se engane — a distração do medo pode estar impedindo você de alcançar seu potencial máximo de maneiras significativas. Enquanto isso, aqueles mais próximos de você precisam que tenha sucesso.

Como o Medo do Fracasso Bloqueia o Seu Progresso

O medo do fracasso nos afeta em três ocasiões: quando estamos começando algo, quando estamos tentando de novo depois de fracassar e quando estamos progredindo (essa última era a derrocada de Randy).

Theo Tsaousides, um neuropsicólogo e autor do livro *Brainblocks*, disse que, no curto prazo, o medo do fracasso influencia os tipos de objetivos que buscamos e a forma como que tentamos alcançá-los. Por exemplo, pessoas com medo do fracasso podem:

- Focar esforços mais em prevenir perdas do que em obter ganhos.
- Evitar situações nas quais elas têm expectativa de serem avaliadas ou julgadas.
- Definir níveis de exigência mais baixos para si mesmas.
- Criar obstáculos para prejudicar os próprios esforços em alcançar seus objetivos, para que, mais tarde, possam culpar esses obstáculos.

Essas são apenas as consequências de curto prazo do medo do fracasso. Se deixarmos o nosso medo do fracasso continuar, ele pode fazer muito mais do que impossibilitar algumas conquistas; pode de fato ter consequências devastadoras no tipo de pessoa em que nos tornamos.

Tsaousides disse:

> No longo prazo, o medo do fracasso pode causar problemas ainda maiores que afetam a saúde física e mental de uma pessoa. Pessoas com medo do fracasso frequentemente têm fatiga e pouca energia, sentem-se emocionalmente esgotadas, são mais

insatisfeitas com suas vidas, experimentam preocupações crônicas e falta de esperança, e seu desempenho em áreas relevantes se torna objetivamente pior.[6]

Nomeie-os

Você está balançando a cabeça e concordando com essas palavras sobre como o medo pode distrai-lo do seu potencial e do seu propósito? Quais são os seus medos? A essa altura, você já sabe que não estou falando sobre medo de lugares apertados, de ver sangue ou de altura. Quais medos estão o impedindo de alcançar seu potencial máximo e dar o seu melhor para o mundo?

Não é suficiente apenas reconhecer que você tem medos. Se deseja minimizá-los, subvertê-los e, por fim, superá-los, você tem que nomeá-los.

Eu começo.

Neste momento da minha vida, um medo que me preocupa e que pode estar me impedindo de alcançar coisas que realmente importam é o medo do desconforto. Deixe eu explicar.

Para ser honesto, tenho uma vida confortável. Não estou falando sobre as coisas que eu possuo, porque, obviamente, como minimalista, não possuo muita coisa. O mais importante para mim é que controlo meu cronograma e os parâmetros do meu trabalho. Eu decido quantas horas vou trabalhar e em quê. Eu decido com quem vou me encontrar e quando. Meu tempo e minhas escolhas são meus. Ei, isso é bom. Por que eu estragaria isso?

Para algumas pessoas, ser capaz de controlar o próprio cronograma é o símbolo máximo de sucesso. Porém vejo isso de outra forma.

Uma das razões pode ser o fato de que existe algo mais importante do que o meu conforto.

Recentemente, minha esposa, Kim, e eu fomos convidados para prestar aconselhamento conjugal para casais que estão passando por conflitos que ameaçam seus casamentos. Kim sentiu que era importante que seguíssemos em frente com a oportunidade. Nosso casamento é saudável e, depois de ser pastor por tantos anos, entendo a importância de ajudar os casais a construírem casamentos sólidos, mas, quase que imediatamente, neguei a ideia.

No fim, parei e perguntei a mim mesmo *por que* eu havia reagido daquele jeito. A resposta foi que prestar aconselhamento conjugal ocuparia muito do meu tempo livre e me lançaria nas confusões de outras pessoas. Ajudar pessoas nem sempre significa que elas vão ficar dentro do seu cronograma, e isso não é nada confortável. Meu medo do desconforto pode, infelizmente, estar me impedindo de fazer coisas importantes.

E como vimos no Índice do Fator do Medo, o medo do fracasso é o medo mais comum que impede as pessoas de fazer o que realmente importa. Contudo, pode haver muitos outros medos na jogada. Assuma os seus. Eles podem ser:

- Medo da rejeição.
- Medo do desconhecido.
- Medo da inadequação.
- Medo de perder o que você tem.
- Medo de ficar de fora.
- Medo de mudanças.
- Medo de perder o controle (esse é um dos meus).
- Medo do desconforto (esse também).
- Medo de ser você mesmo.
- Medo de não ser bem-sucedido.
- Medo de ser julgado ou ridicularizado.
- Medo de se magoar.
- Medo de liderar.
- Medo da exposição e da perda de privacidade.
- Medo do sucesso.

São muitos medos, e essa não é uma lista completa.

Para o encorajar um pouco nesse ponto, deixe-me dizer uma coisa: cerca de 85% a 90% das coisas com as quais as pessoas se preocupam nunca acontecem. E isso não é uma opinião — é um fato! E mesmo quando as preocupações se tornam realidade, o resultado geralmente é melhor do que esperávamos.[7] Em outras palavras, a possível recompensa normalmente vale a pena, especialmente quando o assunto é alcançar o que importa.

Além disso, pela minha experiência, enfrentar e superar o medo o faz ganhar coragem com o tempo. Um medo que já pareceu uma montanha se precipitando sobre nós, parece apenas uma lombada quando nos viramos e olhamos para trás. Consequentemente, ficamos mais confiantes em relação a vencer a montanha ainda maior que estiver diante de nós agora.

Quando os terapeutas tratam problemas de medo, muitas vezes eles encorajam algo chamado habituação. É um processo de exposição gradual e repetitiva a algo que você teme. Desse modo, no fim, essa coisa se torna mais familiar e o medo, controlável. O contrário também funciona. Se continuamente evitarmos coisas que nos causam medo, o medo ficar pior e mais generalizado.[8]

Portanto, vamos encarar nossos medos, sabendo que não vai ser fácil e que depois que vencermos um deles, outro medo pode estar logo depois desse. Porém ao menos estamos caminhando! Deixe que eu reformule sua visão sobre o medo para facilitar seu progresso.

Prioridades no Medo

Em seus livros, o antropólogo cultural do século XX Ernest Becker (não é meu parente) criou uma filosofia que argumentava que a maioria das ações das pessoas é baseada no medo da morte. Contudo, para Becker, as pessoas não temem a morte física. Ele alegava que o maior medo da humanidade é, na verdade, morrer sem que a vida tenha importado. Ele disse: "O que o homem realmente teme não é tanto a extinção, mas a extinção *com insignificância*. O homem deseja saber que sua vida valeu a pena de alguma forma, se não para si mesmo, então pelo menos em um esquema maior das coisas;

ele quer ver que sua vida deixou um rastro, um rastro que tem significado."[9] Eu acredito que isso é totalmente verdade.

Esse medo, no entanto, pode não ser imediato e óbvio para nós como os outros, como o medo do fracasso. Você pode pensar: *Quem vai saber se eu não alcançar meu potencial máximo? Por outro lado, todo mundo vai reparar se eu falhar hoje.* Entretanto, *você* vai saber. *Você* poderá chegar ao fim da vida e lamentar as oportunidades que não abraçou.

O objetivo de *O que Realmente Importa* é que foquemos esse "medo da morte insignificante" e reajamos de acordo. O medo da morte com insignificância é um medo bom se ele nos compele a buscas significativas. E quanto mais amadurecemos, mais sentimos o seu peso.

Então, onde quer que você esteja na jornada de perseguir seus objetivos, e qualquer que seja o tipo de medo que você possa estar enfrentando, tenho o mesmo conselho para você. Visualize como seria chegar ao fim da vida sem jamais atingir seu potencial. *Isso, sim*, é assustador! Você deveria estar tremendo de medo com essa possibilidade. Na verdade, todos nós deveríamos tremer de medo por você poder ceder ao medo, porque todos nós precisamos de você e da sua maior contribuição para o mundo.

Você pensará menos sobre os medos que o estão impedindo de avançar e mais sobre o medo totalmente legítimo e muito mais sério de passar pela vida e nunca realizar as coisas com as quais você se importa.

Tenha medo disto: desperdiçar sua vida.

Quando seu medo de não alcançar seu propósito for maior do que o medo de tentar, você começará a superar a distração do medo.

O Maior Medo Dela

Uma pessoa que entende esse equilíbrio é uma jovem britânica chamada Melanie Kirk. Ela compartilhou sua história num artigo chamado "My Greatest Fear in Life" [O Maior Medo da Minha Vida, em tradução livre]. Qual era esse medo? *Não fazer nada significativo com sua vida.*

Ela disse que não queria chegar ao fim da vida e pensar que não viveu seus dias ao máximo.

Melanie conseguiu um diploma da universidade, mas decidiu que odiava a área que havia escolhido, então, ao se formar, jurou que nunca trabalharia em um emprego que a faria se sentir encurralada. E ela manteve esse juramento, usando suas horas de trabalho em ações nas quais ela acredita, como a agricultura orgânica.

Recentemente, um parente, que era mais jovem do que ela, morreu de maneira repentina. Isso fez com que Melanie lembrasse que não há garantia de vida longa. Há apenas tempo limitado para fazer as coisas que ela quer fazer.

Então ela fez outro juramento:

> Um juramento de viver todos os dias como se fosse minha primeira e única chance de deixar minha marca, porque, DE FATO, É.
>
> Viver minha vida com propósito.
>
> Parar de desperdiçar tempo em coisas que não importam.
>
> Sair da minha zona de conforto.
>
> Viver com paixão e coragem de minhas convicções.
>
> Parar de pensar "e se".
>
> Nunca, jamais, desistir, mesmo quando as coisas ficarem difíceis.
>
> Porque, no fim das contas, a vida é uma dádiva preciosa demais para ser desperdiçada.[10]

Leia o manifesto dela novamente... devagar. Com quais desses juramentos você discorda? Ela não está descrevendo a vida que todos nós queremos viver? Imagine como o mundo mudaria se todos nós fizéssemos compromissos semelhantes a esses. Imagine como sua vida mudaria.

Reduzindo o Tamanho do Medo

Às vezes, quando observamos as pessoas que estão realizando obras significativas, pensamos: *Bem, vem fácil para elas.* Não acho que isso seja verdade. Pelo contrário, eu acredito que a maioria das pessoas — *quase todas* — bem-sucedidas teve que superar medos ao longo do caminho para se tornar quem é hoje. Se você tem uma pessoa que lhe serve de modelo ou mentor, pergunte a ela sobre isso. Creio que você vai descobrir que essa pessoa teve que lidar (e provavelmente ainda está lidando) com medos. Quase todos os seres humanos têm medos e dúvidas, preocupações e ansiedades. Ainda assim, enfrentam o medo. E acreditam que ele é administrável.

Criei meu blog *Becoming Minimalist* já na primeira semana que comecei a praticar o minimalismo, em 2008. Naquela época, eu era um pastor e *adorava* pregar. Pensei que faria isso pelo resto da minha vida. No entanto, o número de leitores do *Becoming Minimalist* foi crescendo mais e mais. Por meio do blog, eu estava apenas tentando compartilhar minha história e ajudar quantas pessoas eu pudesse, mas a repercussão superou minhas expectativas. Comecei a me perguntar: *Eu deveria fazer isso em tempo integral? Afinal, há muitos pastores melhores do que eu no mistério, mas não há tantas pessoas que parecem ser melhores em inspirar as pessoas a possuírem menos coisas.* Depois de pensar bastante e ser encorajado pela Kim e outros amigos íntimos, decidi dar esse passo.

Alguns podem pensar que minha transição para me dedicar ao blog em tempo integral foi uma etapa fácil e simples. A verdade é que foi um processo de três anos e meio angustiante para mim. Fiquei com medo durante todos os dias dessa transição. E desde então tenho vivido com medo de que a coisa toda possa desmoronar.

Deixe-me contar sobre a vez que fiz minha filha de 7 anos cair no choro. Não é uma história da qual eu me orgulho, mas ela mostra como o medo pode pegar todo mundo — até mesmo a pessoa que está escrevendo este capítulo sobre como superá-lo.

Em uma noite, durante o jantar, nossa filha, Alexa, e nosso filho, Salem (que é quatro anos mais velho), estavam falando sobre suas merendas escolares. Como parece acontecer com a maioria das crianças, parece que eles não eram fãs das opções oferecidas pela cantina da escola.

Eu disse brincando: "Bem, é melhor vocês aprenderem a gostar. Se essa coisa do blog não funcionar, pode ser que vocês tenham que colocar uma merenda extra na mochila, para todos nós dividirmos no jantar."

Pensei que estava sendo engraçado, mas...

Alexa começou a chorar.

E então Salem saiu da mesa em silêncio.

Mais tarde, minha esposa disse: "Joshua, talvez você não devesse dizer essas coisas na frente das crianças." Aquilo era um eufemismo. Na verdade, essa cena foi o culminar de inúmeras piadinhas e gracejos que eu tinha feito ao longo dos dois anos anteriores sobre não conseguir me tornar um blogueiro.

Foi apenas naquele jantar que percebi o quanto aquilo estava afetando nossos filhos. Salem e Alexa estavam genuinamente com medo de que o provedor da família — eu — não mais provesse tanto assim. E como nossa família se viraria?

A questão é que Salem e Alexa não eram os únicos que estavam com medo. Kim e eu também estávamos nervosos com o nosso futuro financeiro, especialmente eu. Eu havia identificado um novo objetivo — criar uma carreira baseada em promover uma vida simples na internet — e estava preparado para ir atrás disso porque achava que era importante. Mas havia riscos. Talvez essa coisa de blog sobre minimalismo só servisse como um trabalho secundário. Talvez não fosse algo a que eu pudesse dedicar todas as minhas horas de trabalho enquanto sustentava minha família. Sempre trabalhei para organizações estáveis que me pagavam a cada duas semanas, e abriria mão disso. Sem falar de outra possibilidade: e se eu fosse um chefe péssimo para mim mesmo?

Estava tão preocupado com os riscos financeiros que fiz a transição para postar no blog sobre minimalismo em tempo integral bem devagar. Durante um ano e meio, debati a possibilidade, mas apenas a abordei como um projeto para as horas vagas enquanto trabalhava em uma igreja em

Vermont. Então, assumi outro trabalho na igreja no Arizona, porque o de Vermont havia sido projetado para acabar em dois anos. Àquela altura, de acordo com o plano, eu daria o próximo passo com o *Becoming Minimalist* e confiaria nele como minha fonte de renda.

E foi assim que aconteceu.

Olhando para trás, os medos que tive durante esse processo de transição de três anos e meio parecem um pouco bobos. Eu disse que nossos medos montanhosos podem parecer lombadas quando olhamos para trás, e essa foi uma dessas situações. O lado financeiro do meu trabalho com o minimalismo deu certo, e meus filhos nunca precisaram roubar lanches da escola.

Vou compartilhar mais alguns detalhes de como dei passos pequenos, mas reais, para superar meu medo.

Quando passei a me dedicar em tempo integral ao *Becoming Minimalist*, eu estava ganhando 2 mil dólares por mês online. Kim e eu determinamos que nossa família de quatro pessoas precisava de 4 mil dólares mensais para viver, cobrindo coisas como hipoteca e seguro-saúde (mas sem incluir férias ou coisas que não fossem necessidades básicas — obrigado, minimalismo). Na época, tínhamos quase 18 mil dólares no banco que havíamos economizado trabalhando muito ao longo de três anos, ou uma reserva para cobrir um gasto mensal de 2 mil dólares por nove meses.

Eu disse a mim mesmo que, se não nos tornássemos autossustentáveis com o *Becoming Minimalist* dentro de nove meses, eu saberia que não deveria estar levando aquilo como carreira. Uma década depois, ainda estou fazendo a mesma coisa, e não poderia estar mais feliz. Acredito que este é meu chamado e propósito, e não me arrependo da decisão por um único momento, embora tenha sido muito difícil na época.

Claro, é mais fácil superar o medo de não conseguir lançar um novo empreendimento que importa se você tiver uma rede de segurança — financeira, relacional ou qualquer tipo de segurança que possa ser. É ótimo saber que você pode morar com seus sogros por um tempo se o novo negócio falhar. Ou que você tem economias para a aposentadoria, que possa sacar mais cedo caso precise. Ou que você pode voltar para seu antigo emprego. Isso pode diminuir um pouco o medo de tentar.

Superar o medo não significa tomar decisões imprudentes. Crie uma rede de segurança primeiro, se você precisar. Mas o que estou dizendo é: seja autoconsciente e intencional ao fazê-lo. Há uma diferença entre não poder avançar porque você não está preparado de verdade, ou porque o momento não está propício, e ser impedido pelo medo. Um desejo de segurança pode ser motivado pelo medo. Prudência pode virar uma desculpa para procrastinação.

De qualquer forma, seja sábio. Calcule os custos antes de começar a construir seu futuro ou fazer uma grande mudança de vida. Porém não deixe a insegurança o impedir quando for a hora de tentar. Nós precisamos da maior contribuição que você puder dar para o mundo. *Você* precisa da maior contribuição que puder dar.

O Número de Vidas em que Você Tem que Investir para um Bem Maior: Uma

Medo e desejo são emoções muito relacionadas. Por exemplo, se você tem medo da fome, vai desejar abundância. Se você tem medo de mudança, vai desejar estabilidade. Se você tem medo da solidão, vai desejar relacionamentos. Se você tem medo do fracasso, vai desejar conforto. E assim por diante.

Nem todo medo é errado, mas todo medo resulta em um desejo oposto. Nunca podemos eliminar os medos, mas podemos organizá-los, a fim de que nosso medo de não viver à altura do nosso pleno potencial supere qualquer medo que esteja nos impedindo de tomar uma atitude e fazer a diferença. Coragem não é a ausência do medo, mas a persistência apesar do medo. Ou, nas palavras imortalizadas em *O Mágico de Oz*: "A verdadeira coragem está em enfrentar o perigo quando você está com medo, e esse tipo de coragem você tem de sobra."[11]

Coragem não é a ausência de medo, mas a persistência apesar do medo.

Então, para finalizar, deixe que eu lhe faça uma pergunta antes de passar para as distrações externas que nos impedem de ter uma vida significativa: se você vivesse sua vida inteira sem se arriscar, você acha que se arrependeria? Provavelmente sim.

O medo tem um jeito pernicioso de nos distrair e nos impedir de perseguir nossos objetivos, de alcançar nosso potencial máximo e de realizar o nosso melhor no mundo. Você não quer ser como a Jiao (aquela que é vendedora de perfume há muito tempo) e como as inúmeras outras pessoas que se arrependem de nunca terem tentado fazer algo mais significativo e gratificante com suas vidas.

Se o medo está impedindo-o de viver a vida que sempre desejou, tente descobrir seus medos ocultos e redirecioná-los intencionalmente. Para começar, tenha medo da possibilidade de desperdiçar a única vida que você tem.

4

Ferido

Superando a Distração dos Erros do Passado

Sempre há uma tensão entre as possibilidades a que aspiramos
e nossas memórias doloridas e erros do passado.

— SEÁN BRADY

Deanna Hutchison é uma blogueira e palestrante muito bem-sucedida.
Ela está em paz com seu Deus, animada com o novo casamento e realizada com o trabalho. No entanto, por muito tempo pareceu que os erros
que ela havia cometido no passado poderiam lhe custar tudo, incluindo
sua vida.

Como tantas outras pessoas, seus problemas remontavam à infância.
Ela cresceu com ambos os pais; o pai trabalhava como vendedor e a mãe
cuidava da casa. A mãe de Deanna era carinhosa. O pai, porém, permane-
cia no trabalho a maior parte do tempo e, quando ia para casa, geralmente
estava estressado com o trabalho. Ele amava Deanna, mas tinha um temperamento forte, então, para ela, ele parecia um disciplinador cheio de raiva.
Ela carecia de segurança emocional.

Olhando para trás, para o início da vida adulta, ela me disse: "Minha
mente estava cheia de pensamentos negativos e até mesmo mentiras.
Eu pensava que nunca seria boa o suficiente. Pensava que não era digna das

coisas e que arruinaria tudo. Esse disco tocava repetidamente na minha cabeça, até bem depois da infância. Eu literalmente pensava que era burra."

Como resultado de sua forma de pensar distorcida, Deanna procurou pelo valor próprio em uma série de coisas fora de si mesma. Ela começou a beber, a usar drogas e a se relacionar com homens que não eram bons para ela. Quando chegou aos 30 anos, Deanna era alcoolista, viciada em drogas, e seu futuro parecia estar se encerrando.

Mais jovem, ela tinha o desejo de se casar e ter cinco filhos, mas estava começando a duvidar que aquilo aconteceria algum dia. Também queria ser professora. Na verdade, ela havia sido professora de matemática do ensino médio durante um tempo, até ter que desistir do cargo por causa de seus vícios. Por fim, ela se viu sozinha, deprimida e atolada em dívidas. Ela estava convicta que morreria ou ficaria louca se as coisas não mudassem logo.

Ela começou a avaliar como havia chegado àquele ponto. *Como eu acabei virando uma total viciada aos 30 anos?*, ela se perguntava. *Por que eu me permiti ser tratada tão mal pelos homens? E o que aconteceu com aquela garotinha cheia de sonhos?* Ela decidiu que faria o que fosse preciso para descobrir.

Para ela, os problemas resultavam de seu relacionamento com o pai e, como ela diria, o ponto de virada veio quando ela se acertou com Deus. Outras pessoas passam por outros tipos de viradas na vida, quando começam a deixar o estrago de seus passados para trás, mas a virada de Deanna foi, sobretudo, espiritual.

Em 2009, quando tinha 36 anos, Deanna começou a difícil tarefa de se recuperar dos vícios e acertar suas finanças e sua vida profissional. Ela ainda tem desafios decorrentes do passado, mas sua vida também é cheia de vitórias.

Ela oferece um aviso a todos nós: "Se não identificarmos os caminhos em nosso passado pelos quais desenvolvemos habilidades insalubres para lidar com os problemas, se não encontrarmos a coragem para nos curar e perdoar e não aprendermos novos mecanismos de superação, todos nós podemos ficar sujeitos a reagir com base nas feridas do nosso passado."[1]

Erros Cometidos e Erros Sofridos

Deanna está certa. Na busca das coisas que realmente importam para nós, os erros do passado podem ser um fardo, uma distração e um obstáculo para seguir em frente. Com "erros do passado", quero dizer qualquer coisa negativa que você fez ou que fizeram com você que o impeça de fazer progresso ou de alcançar suas conquistas. Às vezes "erro" não é uma palavra forte o suficiente, como em casos de abuso infantil. Às vezes, os atos em questão são puramente maus. Sejam eles grandes ou pequenos, cometidos por nós ou por outra pessoa, os erros do passado têm um efeito impeditivo na maioria das pessoas.

Todos nós, de um jeito ou de outro, somos influenciados por problemas do nosso passado. Em muitos casos, um erro anterior ou uma adversidade pode se assemelhar a uma mão que nos agarra pelo tornozelo a fim de nos deter. Para tornar essa distração ainda mais difícil de vencer, geralmente não é apenas um problema, mas uma combinação de erros e maus-tratos que é responsável pelo que está dando errado em nossas vidas. Sentimos vergonha e culpa.

Embora alguns dos erros do passado sejam facilmente esquecíveis, outros são poderosos e têm efeito no longo prazo. De início, eles já podem nos impedir de ter a visão que nos levaria a fazer coisas que realmente importam. Podem contribuir para alguns dos medos que discutimos no capítulo anterior. Ou eles podem nos atormentar e nos atrapalhar enquanto tentamos perseguir os nossos objetivos de vida. Eu os chamo de *distrações*, mas, às vezes, ele parecem mais com um *descarrilamento* — algo que faz com que a vida siga como um trem desgovernado. No fim, podemos nos arrepender das oportunidades e possibilidades que perdemos por causa deles.

Nos momentos em que deveríamos abraçar as mudanças, os erros do passado fazem com que fiquemos hesitantes.

Quando deveríamos ser valentes, os erros do passado fazem com que fiquemos ansiosos.

Quando deveríamos acreditar em nós mesmos, os erros do passado fazem com que não nos sintamos merecedores.

Quando deveríamos sonhar grande, os erros do passado fazem com que pensemos pequeno.

Quando deveríamos dizer sim, os erros do passado nos convencem de que tudo que temos para dizer é um "não".

Muitas pessoas desperdiçam tempo remoendo os erros do passado ou desqualificando a si mesmas por causa deles. Se você quer saber por que muitas pessoas nunca conseguem fazer as coisas que realmente importam para elas, uma das razões mais comuns está bem aqui. E você? Conforme vou descrevendo com mais profundidade como são os erros de tempos remotos, pense sobre os acontecimentos ou padrões do passado que mais definiram o rumo de sua vida.

Erros do passado vêm em diferentes formas e tamanhos. Também é importante notar que, enquanto algumas pessoas podem ver determinada coisa como um erro, outras podem não defini-la dessa forma ou podem ter revertido a situação ao ponto em que elas nem considerariam tal evento um erro.

Contudo, pelo bem da definição deste capítulo, aqui vão alguns dos erros que podem atrapalhar a vida de uma pessoa:

- Abandonar a escola.
- Uma empreitada de negócios imprudente.
- Ir à falência.
- Traição no casamento.
- Maltratar outra pessoa.
- Um acidente que feriu outra pessoa.
- Passar vergonha em público.
- Perder a paciência com os filhos e aliená-los.
- Cometer um crime que vai ficar no seu registro para sempre.

E não é apenas sobre erros que aconteceram apenas uma vez. Às vezes são padrões — maus hábitos, vícios, e disposições negativas — que estão tão impregnados que parecem uma parte irremovível da sua natureza. Por exemplo, talvez...

- Você esteja num grupo de Alcoólicos Anônimos e sóbrio por enquanto, mas se lembra bem de que você já teve que zerar o relógio da sobriedade antes.

- Você seja socialmente desajeitado e não leve jeito com pessoas.

- Você seja cronicamente desorganizado, bagunceiro e ineficiente.

- Você não consiga sair da armadilha das dívidas.

- Você tenha um histórico de autossabotagem.

- Você imponha limites sem firmeza e deixe que se aproveitem de você constantemente.

- Você seja indeciso.

- Você seja perfeccionista.

- Você seja receoso e derrotista.

E depois há as suposições que fazemos sobre a nossa habilidade de mudar. Enquanto estivemos contemplando objetivos de vida neste livro, você já disse ou pensou alguma dessas coisas?

- "Eu nunca sei por onde começar."

- "É tarde demais."

- "Estou velho demais."

- "Eu não tenho o que é necessário."

- "Eu nunca fiz nada assim antes."

- "Objetivos pequenos são suficientes para mim."

- "Eu não sou um líder."

- "Eu não tenho a educação necessária [ou a experiência necessária, as credenciais necessárias etc.]."

- "Ah, eu nunca seria capaz de..."

Por último, e possivelmente seja a parte mais dolorosa, estão os danos que lhe foram causados pela natureza ou por outras pessoas. Para Deanna Hutchison, foi o temperamento do pai que colocou sua vida em um rumo decadente. Os outros tipos de "erros" que nos afetam, mas pelos quais não somos responsáveis, podem incluir perdas, ofensas, traições, e até mesmo crimes e desastres.

Quando você contempla buscar seus objetivos, você precisa considerar alguma destas coisas?

- Uma deficiência.
- Abandono ou negligência.
- Uma doença crônica.
- Um abuso verbal, sexual ou físico.
- Um tratamento racista.
- A perda de um ente querido.

Deixe-me assegurá-lo que não estou banalizando nenhuma dessas categorias de erros do passado. Por vezes, porém, as pessoas ficam empacadas por causa de erros — em vez de enfrentá-los e superá-los — e não conseguem seguir em frente. Se esperarmos até sermos saudáveis, perfeitos e preparados em todos os aspectos, nunca vamos alcançar nada. Tudo de valioso que já foi realizado foi feito por alguém com falhas e feridas. Algumas maiores, outras menores, com certeza. Porém não existe ninguém perfeito.

> Se esperarmos até sermos saudáveis, perfeitos e preparados em todos os aspectos, nunca vamos alcançar nada. Tudo de valioso que já foi realizado foi feito por alguém com falhas e feridas.

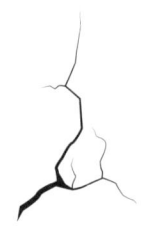

Reerguendo-se

Quanto essas distrações dominam a vida das pessoas? Na pesquisa "O que Realmente Importa", perguntamos: "O quanto os erros do passado o impedem de alcançar o futuro que você gostaria de ter?" A grande maioria — 61% dos entrevistados — disse que os próprios erros do passado os impediam, na escala de "um pouco" a "muito".

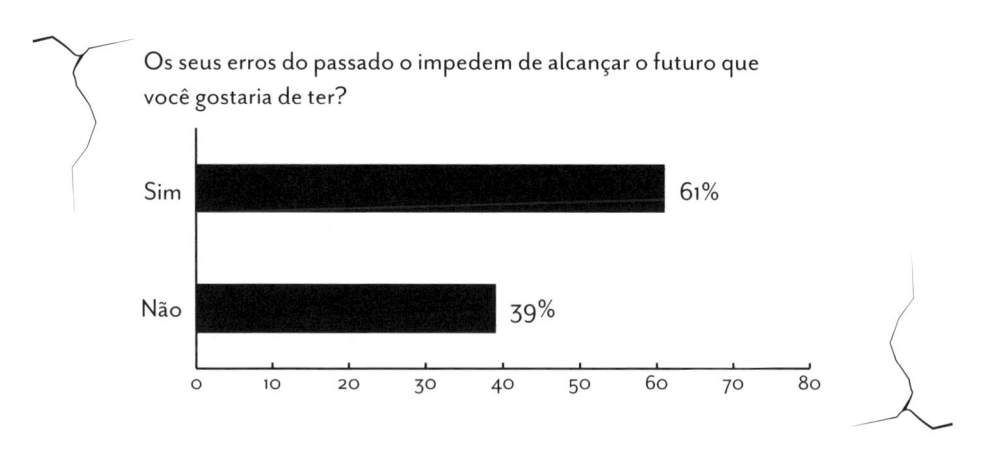

Os seus erros do passado o impedem de alcançar o futuro que você gostaria de ter?

Perguntamos ainda: "O quanto os erros cometidos contra você no passado o impedem de alcançar o futuro que você gostaria de ter?" Nessa, mais da metade dos entrevistados — 55% — respondeu na escala de "um pouco" a "muito".

É muito potencial sendo reprimido. Que triste! Quase duas a cada três pessoas dizem que seu passado, de um jeito ou de outro, está os impedindo de viver o futuro que eles gostariam de ter. Meu coração dói por todos. Não apenas por aqueles que se sentem impedidos, mas também por aqueles que poderiam estar se beneficiando por estarmos caminhando em plenitude e vitória.

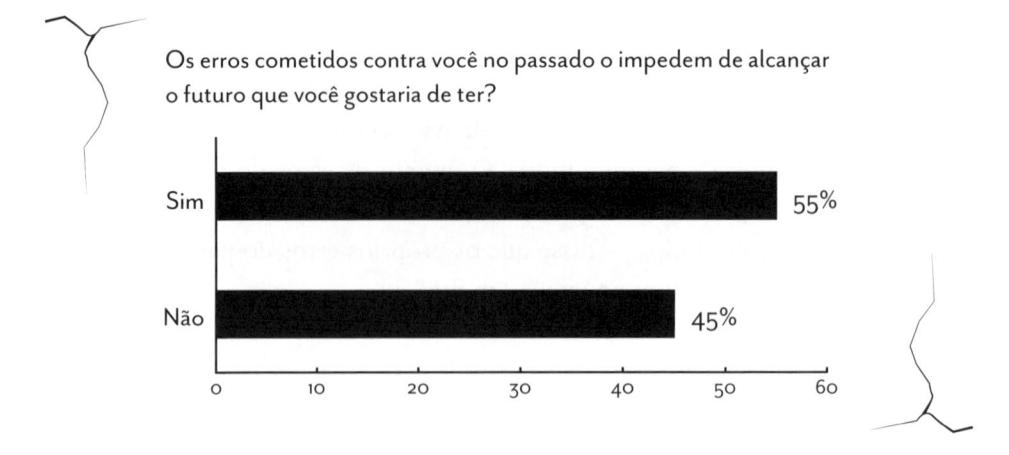

Os erros cometidos contra você no passado o impedem de alcançar o futuro que você gostaria de ter?

Há esperança de que possamos nos libertar do domínio que os erros do passado têm sobre nós? Há mais do que esperança. Inúmeros exemplos nos mostram que *podemos* nos erguer da destruição de nossos passados. Essa não é uma distração nova que impede as pessoas das coisas que realmente importam; ela é tão antiga quanto a própria humanidade.

Em 1962, Victor e Mildred Goertzel escreveram um livro chamado *Berços da Eminência*, no qual investigaram as histórias de vida de mais de quatrocentas pessoas bem-sucedidas, incluindo Louis Armstrong, Frida Kahlo, Eleanor Roosevelt e Henry Ford. O livro ainda é citado por suas descobertas importantes: 75% dos investigados pelos Goertzel "cresceram em uma família sobrecarregada por algum problema grave: pobreza, abuso, pais ausentes, alcoolismo, doenças graves ou algum outro infortúnio".[2]

Cinquenta e cinco anos depois de o livro dos Goertzel ser lançado, a colaboradora do *Wall Street Journal* Meg Jay escreveu: "Se os Goertzel fossem refazer o estudo hoje, eles encontrariam muito mais exemplos de mulheres e homens que chegaram a altos níveis após passarem por infâncias difíceis — Oprah Winfrey, Howard Schultz, LeBron James e Sonia Sotomayor, para citar apenas algumas. Hoje, nós geralmente usamos a palavra 'resiliente' para descrever essas pessoas."[3]

Resiliência. Determinação. Ser um guerreiro ou uma guerreira. É isso que Jay disse explicar a diferença entre aqueles que triunfam sobre as dificuldades de infância e aqueles que não triunfam.

Talvez você esteja cansado de ouvir essas palavras. Talvez esteja cansado de lutar. Entretanto, você precisa ouvir o seguinte: nós precisamos que você seja um guerreiro. Precisamos que tenha destaque em sua própria vida, independentemente das feridas do seu passado. O potencial que existe dentro de você não pode mais ficar reprimido.

E há apenas um jeito de aprender a resiliência: "Superar as adversidades da infância é realmente uma luta fenomenal. É uma empreitada heroica, poderosa, perigosa e geralmente leva décadas, e ainda assim, com o decorrer do tempo, pode levar ao sucesso, e até ao sucesso extraordinário."[4]

Supere o passado.

Você não pode mudar o passado, mas pode diminuir o domínio que ele tem sobre si. E talvez a dor do passado o torne melhor em realizar coisas mais significativas, até melhor do que você poderia ter sido sem ela.

Seu Sinal

Conheci um executivo que costumava me dizer: "Grandes líderes correm na direção dos problemas." É um ótimo conselho não só para líderes que lidam com disfunções organizacionais, mas também para todos que lidam com os próprios problemas. Por vezes ficamos tentados a negar, ignorar ou esconder-nos de nossos problemas. É por isso que a culpa e a vergonha pelo passado podem ter um nível tão alto de influência em nossas vidas que nos impedem de perseguir as coisas que as tornariam mais completas no dia de hoje.

Vamos correr *em direção* aos nossos problemas. Vamos enfrentá-los. E vamos fazer algo a respeito deles.

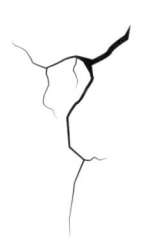 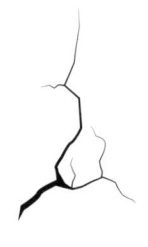

Vamos correr *em direção* aos nossos problemas. Vamos enfrentá-los. E vamos fazer algo a respeito deles.

Você pode ter a sensação de que já lidou com erros do passado, mas se eles ainda o estiverem bloqueando, isso é um sinal de que eles estão afetando-o com mais força do que deveriam. Peço que crie seu próprio ponto de virada em relação aos erros do passado. Coloque um sinal ali, que você veja ao olhar para trás e permita que você diga a si mesmo: *Foi ali que mudei o rumo das coisas*. Uma vez que deixar os erros e as dores para trás, você descobrirá que está mais livre para seguir os destinos que escolheu para si mesmo.

Caso tenha machucado outras pessoas...

1. Reconheça para si mesmo o que você fez e o dano que causou aos outros. Tente identificar por que você fez isso, o que isso diz sobre suas fraquezas e o que você ainda pode trabalhar em si mesmo.

2. Permita-se sentir remorso e arrependimento.

3. Se você acredita em Deus, pode ser que deseje o perdão Dele. Lembre-se que, se Deus o perdoa, você fica livre para perdoar a si mesmo.

4. Desculpe-se com aqueles que você machucou e peça o perdão deles, caso isso seja possível e não for tornar as coisas piores. Se a pessoa que você machucou não estiver mais por perto, pode ajudar pedir desculpas em voz alta em um cômodo vazio ou escrever uma carta. Você fez o que pôde para se desculpar.

5. Se possível, faça as pazes com a pessoa que você magoou. Se não for possível, veja se há uma maneira de "compensar", fazendo uma boa ação para ela. Esse ato ajudará a solidificar a criação daquela placa sinalizando o ponto de virada.

6. Diga a si mesmo: *Meu erro foi mau e prejudicial, mas acabou. Está no passado agora. Eu o superei e ele não vai me impedir de viver uma vida melhor no futuro.* Repita quantas vezes forem necessárias.

Caso algo ou alguém tenha lhe machucado você...

1. Reconheça o dano e o que ele lhe causou. Identifique quem foi o responsável (se houver alguém).

2. Se alguma pessoa foi responsável por essa ferida, perdoe-a. Não para desculpar ou minimizar o comportamento dela, mas para libertar o rancor contra ela que você vem guardando no coração. É para o seu próprio bem. Você pode perdoar a pessoa mesmo se ela não admitir a culpa ou nunca saiba disso.

3. Se o mal que você sofreu tenha sido causado pela natureza ou pelo destino (como uma deficiência ou desastre natural), não há ninguém para perdoar. Em vez disso, você deve apenas aceitar. Não negue o que aconteceu e não culpe a si mesmo ou qualquer outra pessoa. Apenas foi assim. Você não precisa minimizar o estrago nem exagerá-lo.

4. Diga a si mesmo: *O que aconteceu comigo foi ruim e prejudicial. Porém já deixei de lado minha raiva, portanto não vou deixar que isso me impeça de viver uma vida melhor no futuro.*

Um aviso: em muitos casos, quando temos um rompimento decisivo com os erros do passado, ainda temos que aguentar consequências negativas duradouras. Contudo, essas consequências não precisam mais nos *controlar*. Achamos um jeito de escapar da prisão na qual as feridas do passado podem nos manter.

Não importa o seu passado ou sua personalidade, você pode (e deve) superar uma atitude derrotista em relação à vida. Em algum ponto, se não superarmos esse pensamento, permitimos que os erros do nosso passado sabotem nosso presente e nosso futuro, a um grau que não ajuda ninguém.

Ninguém pode ser tão culpado ou ficar tão machucado a ponto de não ser capaz de fazer algo diferente com o futuro e realizar algo significativo no mundo.

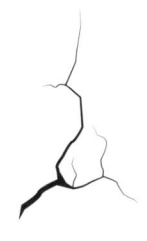

Eu realmente acredito que ninguém pode ser tão culpado ou ficar tão machucado a ponto de não ser capaz de fazer algo diferente com o futuro e realizar algo significativo no mundo. Um motivo pelo qual sou tão confiante sobre isso é que o que foi destrutivo pode, na verdade, ser redimido e se tornar construtivo. Não é um trabalho fácil, mas vale a pena.

Quando Procurar Ajuda Profissional?

Christine Wilkens, conselheira nacionalmente certificada e especialista em traumas, indicou as seguintes perguntas para ajudar a determinar se você deve procurar ajuda profissional:

- Sofri algum mal causado na infância (antes da puberdade), um período de desenvolvimento cerebral crítico?
- Tive experiências com algo que me fez temer pela minha vida ou pelas vidas daqueles próximos a mim?
- Estou constantemente ruminando ou pensando sobre um trauma ou erro do passado?
- Nunca estou satisfeito com a minha vida? Tenho problemas para relaxar?
- Sou incapaz de manter relacionamentos?
- Sinto que as pessoas não dedicam tempo suficiente a mim? Sinto que sou deixado de lado constantemente?
- Sinto necessidade constante de me reinventar?
- Já recebi tratamento para distúrbios de ansiedade ou depressão no passado, e penso se preciso de uma reavaliação?
- Tenho um plano de tratamento, mas sempre falho em segui-lo?
- Sempre me pego evitando planos para o sucesso na vida?

Christine disse que, se você respondeu sim para alguma dessas perguntas e está curioso se sua vida poderia melhorar, ela recomenda que você converse com um terapeuta licenciado para investigar se alguma terapia ou tratamento pode ser o ideal para si.[5]

Vencedora

Desde muito cedo, a vida de Jada Reid foi superação. Por vezes, ela teve que se afirmar perante os outros. Em outras, ela não teve escolha.

Quando Jada tinha 5 anos, ela foi entregue ao Estado pela mãe, solteira, que não podia mais cuidar dela e dos irmãos. Jada foi colocada no sistema de adoção do estado de Nova York. Durante os oito anos seguintes, viveu em vários lares com relacionamentos prejudiciais e sofreu abusos sexuais.

Finalmente, Jada voltou a viver com a mãe, mas, àquela altura, já estava marcada pela negligência e por maus-tratos. "Eu tentei superar meu passado me tornando uma pessoa perfeccionista", ela compartilhou comigo. Trabalhando duro, se tornou a melhor aluna da classe e uma estrela de corrida do ensino médio. Depois, se juntou ao serviço militar, onde continuou a ser motivada a se destacar.

Depois do serviço militar, Jada teve que superar tanto os obstáculos de gênero quanto raciais para conseguir trabalho como policial. "Toda vez que me diziam que eu não era capaz de fazer algo", disse, "eu queria fazer aquilo ainda mais".

Mas, no fim, seu desejo por conquistas acabou tendo uma reviravolta negativa. Ao testemunhar outros policiais enriquecendo de maneira corrupta, ela também quis participar daquilo. Ela saiu da polícia e começou a traficar drogas e armas. "Eu era boa naquilo", recordou. "Comprei uma casa para minha mãe com o dinheiro. Eu me tornei bastante materialista, comprando ouro e diamantes e tudo que eu pudesse para finalmente exibir o meu 'sucesso'."

A jornada de Jada passou do tráfico para o vício. No fim, suas escolhas lhe trouxeram consequências, e ela foi para a prisão três vezes. Na terceira, em vez de burlar o sistema para sair antes do previsto, ela decidiu que cumpriria toda a sentença. Enquanto estava lá, ela passou por uma transformação pessoal, durante a qual ofereceu perdão para aqueles que a haviam machucado e recebeu redenção. "Aquele foi dia que minha forma de pensar sobre mim mesma mudou. Foi o dia em que vi tudo em que eu poderia me tornar e quantas coisas boas poderia trazer para o mundo."

Depois da prisão, Jada se mudou para o Arizona para começar sua nova vida. Depois de trabalhar em alguns empregos para pagar as contas e se estabelecer, ela começou a procurar trabalho em organizações sem fins lucrativos locais como um meio de se redimir e ajudar os outros. Pelo seu histórico, não foi fácil para ela se qualificar para um cartão de identificação biométrica limpo, mas um oficial a ajudou a consegui-lo. Ela tinha que assumir o passado e remendar o que quer que fosse necessário (ela ainda tinha mandados pendentes em estados vizinhos).

Ela me disse: "Foi um dos dias mais carregados de emoção na minha vida, Joshua. O caminho não vem sendo fácil, e tem havido muitos altos e baixos. Porém aquele cartão biométrico que permitiu que eu trabalhasse em uma organização sem fins lucrativos no Arizona foi um símbolo de que eu havia superado meu passado e estava vivendo uma nova vida."

Desde então, ela tem dedicado a vida a servir aqueles que precisam, incluindo desabrigados e desfavorecidos, e se tornou até mesmo uma fonte confiável dentro do sistema escolar público do Arizona com a reputação de ajudar adolescentes em situação de pobreza. Jada completou um ciclo. Recentemente, ela se mudou para a casa da mãe idosa para cuidar dela, e agora trabalha em um lar para adolescentes problemáticos em Nova York, ajudando-os a evitar os mesmos erros que ela cometeu.

Redimindo-se do Passado

Enquanto superamos o passado como Jada Reid, é bom que tenhamos coragem para escutar a nossa dor, porque, às vezes, ela pode nos ensinar onde em nós mesmos temos que trabalhar. Por vezes, ela pode nos ajudar a sermos melhores em ir atrás dos nossos objetivos. E, em um número surpreendente de casos, podemos de fato encontrar nossos principais propósitos de vida em meio a nossa dor.

Lembra-se de Deanna Hutchison, a mulher cujo relacionamento disfuncional com o pai na infância levou a tantos problemas enquanto ela crescia? Uma das coisas nas quais ela teve que trabalhar, à medida que finalmente se recuperava do abuso de substâncias e de padrões autodestrutivos, foram suas dívidas financeiras. Levou três anos e meio para ela sair do rombo financeiro, mas, com persistência e determinação, conseguiu. E então, ela foi adiante. Depois de ter vivenciado em primeira mão como era difícil consertar as finanças enquanto se recuperava da toxicodependência, Deanna decidiu ajudar outras mulheres na mesma situação. "Tudo o que passei me deu a honra de ajudar outras mulheres a se recuperarem", contou. Hoje, ela trabalha com mulheres em recuperação que querem melhorar no gerenciamento do dinheiro e na "riqueza mental".

Esse é um padrão que vejo frequentemente. Muitas vezes, nossas experiências passadas nocivas abrem nossos olhos para aqueles que estão sofrendo, enchem nossos corações de compaixão ou revelam lugares onde podemos ajudar.

Aqui vai outro exemplo.

Emilia, uma amiga minha, é voluntária numa ONG que ajuda veteranos militares que sofrem de transtorno de estresse pós-traumático. Muitos soldados que serviram em zonas de guerra trazem consigo flashbacks, pesadelos, ansiedade e mudanças de humor que fazem com que a reinserção na sociedade e a reunião com suas famílias seja difícil. Emilia age como uma madrinha, aconselhando veteranos recém-chegados a como se reajustar em suas cidades natais e em suas vidas em família. Embora não seja veterana, ela tem a reputação de entender o TEPT e de persistir acompanhando vítimas ao longo da recuperação, o que geralmente leva um bom tempo.

O trabalho voluntário é completamente diferente do trabalho oficial de Emilia, que é corretora imobiliária. Perguntei como ela havia iniciado o trabalho voluntário.

"Eu era casada", ela me disse, com o coração apertado. "O nome dele era Daniel, e ele voltou do serviço militar com TEPT severo. Ele voltou um homem diferente do que quando havia partido. Ele se esforçou e batalhou tanto para se reajustar, mas não conseguia superar o trauma. É como se o TEPT o houvesse vencido e ele houvesse se tornado uma pessoa que nunca havia desejado ser. Isso começou a afetar o nosso casamento, com tumultos e abusos, e nossa relação teve que acabar."

Emilia é uma mulher que sofreu tremendamente por causa de TEPT de uma pessoa querida que não foi tratada — na verdade, sua vida inteira foi arruinada por causa disso. Entretanto, em vez de deixar que isso a afundasse, ela usou a experiência como um trampolim para ajudar outros soldados e suas famílias afetadas pelo TEPT a fim de que outras mulheres pudessem ser poupadas da dor que ela havia sentido. Emilia está vivendo uma vida da qual ela nunca vai se arrepender.

Se você anda pensando que seus erros do passado o desqualificam para perseguir coisas que lhe são significativas ou importantes, quero mudar sua forma de pensar agora. Pode ser que essas mesmas circunstâncias *qualifiquem* você para um objetivo particular ou bom trabalho. Você pode aprender lições que não estariam acessíveis de outra maneira. Você pode usar seu sofrimento para diminuir o sofrimento de outra pessoa. E, dessa forma, é possível não apenas escapar da escravidão do passado, mas também subjugá-lo, ao fazer coisas boas que realmente importam.

Não estou dizendo que todo erro se torna missão. Essa distração nem sempre pode se tornar um destino. Porém deveríamos, pelo menos, ficar alertas para a possibilidade. E quando isso *realmente* acontece, a redenção é algo lindo de se ver.

Descobrindo o Orgulho

Vamos relembrar nosso propósito de ir atrás das coisas que realmente importam. Isto é, chegar ao fim da vida com mais satisfação a respeito de como gastamos nosso tempo na Terra e com menos arrependimentos em relação às escolhas que fizemos. Não podemos esperar fazê-lo, a menos que lidemos com as distrações e arrependimentos que nós já acumulamos. E eu sei que isso parece difícil.

A realidade é que todos nós enfrentamos erros, mágoas ou predisposições diferentes do nosso passado, que vão de aborrecimentos a traumas. Por vezes, enquanto começamos a lidar com eles e superá-los, há um momento de realização sobre como muitos desses erros do passado nos impediram de perseguir as coisas que amamos. Podemos pensar algo do tipo: *Não consigo acreditar quanto tempo e energia desperdicei por causa do meu passado. Estou envergonhado. Como eu venço essa culpa?*

Esta é minha resposta: você vence a culpa e a vergonha ao se orgulhar da pessoa em que você está se tornando e das mudanças que está fazendo hoje. Fique contente em relação àquilo em que sua vida está prestes a se tornar.

Você não pode mudar o passado, mas pode seguir em frente na esperança de um futuro melhor. Você pode ter mais liberdade para amar, para servir e para viver de modo que não resulte em arrependimento.

 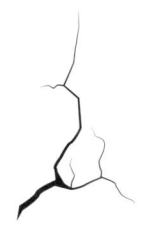

> ## Você não pode mudar o passado, mas pode seguir em frente na esperança de um futuro melhor.

Supere o passado. Crie um ponto de virada para si.

Quando a oportunidade se mostrar, os erros do passado ainda dirão: "Pare aí mesmo."

Porém agora você pode responder: "Não desta vez."

PARTE 3

DISTRAÇÕES DAS COISAS MENORES

5

O Monstro do Eu

Superando a Distração da Felicidade

Um indivíduo não começa a viver até que ele consiga se elevar acima dos limites estreitos de suas preocupações individualistas para as preocupações mais amplas de toda a humanidade.

— MARTIN LUTHER KING JR.

A "busca da felicidade" é notoriamente consagrada na Declaração de Independência dos Estados Unidos. Não que alguém estivesse esperando a permissão de Thomas Jefferson para ir atrás da felicidade por si — naturalmente todos nós queremos fazer isso. E não há nada de errado nisso.

Contanto que seja o tipo certo de felicidade. Caso contrário, ela é apenas uma distração.

Veja bem, em alguma parte do caminho (ou talvez sempre tenha sido assim), parece que nós, seres humanos, confundimos a busca da felicidade com a busca de nós mesmos. Consequentemente, imaginamos que seremos mais felizes se focarmos nós mesmos, se gastarmos nossos recursos conosco, se atendermos às nossas necessidades e desejos — às vezes, até mesmo à custa dos outros. Vemos isso em toda parte.

Tudo o que você tem que fazer é olhar criancinhas brincando e observar como elas monopolizam o brinquedo favorito delas, e então saberá que é da natureza humana ser egoísta. Ninguém tem que ensinar uma criança a não compartilhar.

Entenda, a maioria de nós não é absolutamente egoísta na nossa busca pela felicidade. Nós incluímos nossos entes queridos. Talvez algumas outras pessoas também. Contudo, essa é uma lista bem pequena, com a palavra "Eu" bem no topo.

Atender a nós mesmos é algo natural para a maioria de nós — sempre foi assim. Porém, quando tentamos satisfazer nosso desejo pela felicidade com a busca pela satisfação própria, deixamos a desejar nas formas mais verdadeiras e mais duradouras de felicidade. A busca por desejos egoístas proporciona um prazer no curto prazo, mas, no longo prazo, a felicidade nunca é duradoura. Com foco no lugar errado, a busca pela felicidade pode se tornar a distração que nos impede de fazer buscas mais significativas.

Busca pela satisfação própria e a busca pela felicidade duradoura não são a mesma coisa. Na verdade, há momentos em que elas seguem caminhos completamente opostos.

No fim da sua vida, você ficaria mais orgulhoso de ter passado anos trabalhando e economizando para comprar uma segunda casa *ou* de fazer o que você pôde para ajudar os pobres e os necessitados da sua comunidade? Você sentiria mais orgulho de ter gastado a maior parte do seu tempo livre assistindo a programas de esporte e jogando videogame *ou* fazendo o trabalho criativo para o qual apenas você foi especialmente preparado para executar?

O melhor e mais direto caminho para a felicidade e plenitude duradouras é não olhar apenas para os seus próprios interesses, mas também para os interesses de outros. Quando nós começamos a viver nossas vidas pelo bem do próximo, elas imediatamente incrementam seu valor. Passamos a não viver apenas para o benefício individual ou de poucos; começamos a viver pelo benefício de muitos.

O melhor e mais direto caminho
para a felicidade e plenitude
duradouras é não olhar
apenas para os seus próprios
interesses, mas também para os
interesses de outros.

O psiquiatra e filósofo Viktor Frankl disse: "A felicidade (...) não pode ser buscada; ela deve acontecer, e isso apenas ocorre como o efeito colateral não intencional da dedicação pessoal a uma causa maior do que o próprio indivíduo ou como o subproduto da entrega de um indivíduo para uma pessoa que não seja si próprio."[1]

A felicidade não pode ser *buscada*. Ela deve *acontecer*.

Você já tentou alimentar um pássaro selvagem com as próprias mãos? Se você se aproximar rápido demais ou jogar a comida na direção dele, o animal voará para longe, assustado. Porém, se você for paciente e aparentar não estar interessado no pássaro, ele lentamente vai se aproximar.

Não busquemos a felicidade. Vamos buscar o propósito... E permitir que a felicidade venha até nós.

Becos Sem Saída da Felicidade

Estou bastante ciente de que, quando questiono a sabedoria da busca pela felicidade focada em si mesmo, eu soo como um estraga-prazeres, ou até mesmo um pouco excêntrico. Nossa sociedade hoje em dia parece estar fixada na busca pela felicidade, e o caminho mais difundido por aí é se preocupar consigo mesmo. Aparentemente faz bastante sentido que, para sermos felizes, deveríamos buscar o que parece ser a felicidade para nós. Inúmeras pessoas ao nosso redor estão vivendo a vida dessa forma — e elas parecem mesmo estar felizes. O consumismo é baseado no princípio de que a busca pela satisfação própria é a chave para a felicidade.

Contudo, o ponto de vista alternativo — que mostra que o melhor caminho para a felicidade duradoura é encontrado ao nos preocuparmos com os interesses dos outros — não é apenas uma questão de opinião. Isso é algo que foi provado com estudos científicos sobre o assunto.

Os estudos sobre a felicidade (também conhecidos como a *psicologia positiva*) representam um campo inteiro de pesquisa por si só. Aqui apenas vamos observar algumas evidências representativas que sustentam a noção de que as formas mais verdadeiras de felicidade acontecem quando vivemos pelos outros.

Primeiro, vamos observar a *riqueza*. Acumular muito dinheiro e bens materiais oferece um caminho para um estado de felicidade? A cultura diz que sim. A ciência diz que não.

Pesquisadores da Universidade da Califórnia, em Berkeley, dividiram participantes do estudo em pares e os colocaram para jogar uma partida de Banco Imobiliário. Esse estudo não tinha nada a ver com analisar as habilidades dos estudantes ao colocarem hotéis na Avenida Morumbi e na Rua Oscar Freire, mas com analisar como ganhar o jogo afetava as pessoas. Como o professor de administração Raj Raghunathan descreveu:

> "O jogo foi manipulado para que um dos participantes ficasse bem mais rico que o outro rapidamente." Os pesquisadores então observaram, através de um espelho unidirecional, o comportamento dos participantes. Acontece que quanto mais rico um participante ficava, mais mesquinho ele se tornava. Por exemplo, os participantes mais ricos começavam a assumir posturas mais dominantes e a menosprezar seus colegas "mais pobres". Eles também consumiam uma parte maior da tigela de pretzels, que estava ali para ser compartilhada igualmente.[2]

Raghunathan explicou por que esses resultados eram importantes: porque eles nos mostram que a riqueza tende a fazer as pessoas ficarem (a) *menos generosas* e (b) *mais isoladas*. E tanto a generosidade quanto a conexão relacional estão fortemente associadas com a felicidade.[3] Transferidos para o mundo real, esses resultados poderiam explicar por que as pessoas podem ficar cada vez mais ricas e cada vez mais tristes e nunca entender de verdade o que está acontecendo.

Bem, se as riquezas não podem garantir a felicidade, que tal o *sucesso* e a *fama*? Vivemos em um mundo de luta onde as pessoas sempre estão tentando "progredir" no trabalho e "serem notadas" pelo chefe e pelos outros. Como isso funciona para elas? Novamente, a ciência pode nos dizer.

Um estudo da Universidade de Rochester em Nova York avaliou os objetivos e a felicidade de 147 graduados um ano depois da formatura e, novamente, um ano mais tarde. Quais foram os resultados? "Aqueles que alcançaram os objetivos de riqueza e fama estavam menos felizes (...) do que aqueles que alcançaram objetivos mais intrínsecos como crescimento pessoal." O motivo para isso parece ser sobretudo que os grandes empreendedores sentiam que estavam vivendo de maneiras predeterminadas pelos outros. Enquanto isso, "aqueles que focaram objetivos intrínsecos como crescimento pessoal, relacionamentos duradouros e ajudar a comunidade 'mostraram aumentos substanciais nas áreas relacionadas à satisfação com a vida, com o bem-estar e com a felicidade'".[4]

Agora vamos deixar as coisas mais interessantes. E o *sexo*? Certamente desfrutar da promiscuidade faz as pessoas felizes, não é? Pelo menos, isso é o que nossa cultura (e aparentemente toda série de televisão e todo filme) me diz.

A professora Marina Adshade sintetizou suas descobertas nessa área ao apontar que as pessoas com mais parceiros sexuais são menos felizes do que as pessoas com um só. E pessoas que traem seus parceiros são menos felizes do que aquelas que não traem. "Isso é contraditório", reflete Adshade. "Se o primeiro instinto de alguém é possivelmente presumir que já que 'sexo nos faz feliz' e que 'variedade é o que dá sabor à vida, ter mais parceiros sexuais deve nos fazer mais felizes'."[5] Ainda assim, a pesquisa em que ela foi consultora mostra sem dúvidas que a promiscuidade não entrega a felicidade esperada por aqueles que desfrutam dela.[6] Por que isso acontece? Isso ocorre porque até mesmo o sexo é mais satisfatório no longo prazo quando é visto sem egoísmo?

Vamos tentar mais uma vez, dessa vez com a *beleza*. Todo mundo quer ter uma boa aparência. Será que focar a própria melhoria física traz felicidade?

Nesse caso, talvez cirurgias plásticas sejam um indicador tão bom quanto qualquer outro. Uma quantidade crescente de pessoas está disposta a abrir mão de milhares de dólares e passar pela ansiedade e dor das cirurgias a fim de fazer uma rinoplastia ou uma abdominoplastia desnecessária. Esse tipo de reconstrução física acaba fazendo com que elas se sintam melhores em relação a si mesmas?

Aparentemente não. De acordo com um artigo publicado na *Psychology Today*, as cirurgias plásticas "não resolvem os problemas fundamentais da autoestima", da depressão ou da infelicidade.

> Pelo menos entre os mais jovens, um grande estudo mostrou que pacientes de cirurgias estéticas são um grupo mais problemático — e que o procedimento não ajuda. Esse estudo é importante porque acompanhou mais de 1.500 meninas adolescentes por 13 anos, e os pesquisadores não sabiam quais delas tinham passado por cirurgia naquele período. As 78 garotas que fizeram cirurgia eram mais propensas a ficar ansiosas ou depressivas e tiveram um aumento mais acentuado desses sintomas durante o período do que as que não fizeram.[7]

Riqueza. Sucesso. Fama. Sexo. Beleza. Parece que muitas das buscas egocêntricas pela felicidade não dão bons resultados.

Vamos ter que procurar mais um pouquinho.

Abraçando o Serviço

Quero deixar claro que não sou contra o autocuidado sensato. Afinal, você não pode tirar nada de uma xícara vazia, como diz o ditado. Todos nós deveríamos dar a atenção necessária a nosso bem-estar e saúde e encontrar coisas que gostamos de fazer.

Contudo, há uma grande diferença entre autocuidado e egocentrismo. Escolhas que são sempre focadas no próprio eu nunca vão proporcionar grandes níveis de felicidade, nem vão prevenir contra os arrependimentos no fim da vida. A "felicidade" pode se tornar uma distração de buscas mais vivificantes. Para essas, precisamos mirar mais alto — na direção dos propósitos de vida mais importantes que identificamos.

O que descobri ser mais eficaz para reorientar o foco das pessoas dos seus próprios desejos para as necessidades dos outros foi servir. Ou seja, em vez de servirmos *a nós mesmos*, servirmos *aos outros*.

Tornar-se uma pessoa altruísta não é um exercício intelectual — você simplesmente não estuda para ser altruísta. Não é nem mesmo questão de agir, como assinar um cheque para caridade ou doar uma caixa com objetos seus, por mais importante que essas coisas sejam. O altruísmo é uma *qualidade* que você adquire apenas quando você vai e faz alguma coisa para os outros. Em um primeiro instante, pode parecer algo mais intencional do que natural, mas, com o tempo, uma abnegação genuína começa a florescer. O fazer cria o ser. Você passa de *escolher servir* a *se tornar um servo*.

O tipo de serviço que ocasiona essa transformação pode não ter nada a ver com seus principais propósitos de vida. O objetivo maior é eliminar a distração da felicidade egocêntrica para que você possa alcançar as coisas que realmente importam para si com mais eficácia, mas, para começar, *qualquer* ato de serviço pode ajudá-lo a derrotar o seu monstro do egoísmo.

Então faça alguma coisa que ajude outras pessoas por meio de um envolvimento pessoal com elas:

- Visite um paciente em um hospital.
- Entregue uma refeição para os sem-teto.
- Escute um amigo que está com problemas.
- Oriente um jovem por intermédio de uma ONG.
- Cuide dos filhos de pais que estão estressados.
- Torne-se professor em uma escola ou em um programa extracurricular.
- Seja um bom samaritano e ajude um estranho a trocar um pneu furado.

Viu alguma necessidade ao seu redor? Supra-a hoje. E a vida que você vai mudar pode muito bem ser a sua.

Meu conselho para reduzir o monstro do eu é apenas sair por aí e...

Servir alguém.

O Cheiro Permanece Comigo

Quando eu era um pastor de jovens, visitei o Equador para fazer algumas obras de serviço com cinquenta alunos do ensino médio. Durante aquela semana, construímos uma escola, reformamos casas e fizemos outros projetos de serviços práticos.

Numa tarde, o diretor da ONG com a qual estávamos fazendo uma parceria nos pediu para subirmos em um ônibus porque faríamos algo diferente naquele dia. Dirigimos por algum tempo, saímos da cidade de Quito e estacionamos num dos lixões municipais. Aquele não era o lixão bem cuidado que você esperaria encontrar na sua cidade. Era apenas um campo aberto onde o lixo era jogado, sobre o solo, empilhado mais alto do que você pode imaginar.

Quando chegamos, nosso diretor nos explicou: "Hoje vamos alimentar as famílias e brincar com as crianças que vivem aqui." Ele prosseguiu, explicando como centenas de famílias ganhavam a vida revirando o lixo jogado ali todos os dias, procurando algo que pudessem usar ou vender. Às vezes, eles conseguiam apenas alguns centavos no dia.

Aquilo foi há mais de uma década, e ainda me lembro de quando desci do último degrau do ônibus e pisei nesse novo mundo. Eu me lembrarei até o dia em que eu morrer dos rostos sujos das crianças com seus grandes olhos redondos e corpos desnutridos. Ainda consigo ver o olhar de desespero no rosto dos pais, enquanto faziam o que podiam para sobreviver. E nunca, nunca vou esquecer o cheiro horrível daquele lixão, intensificado pelos raios intensos de sol, enquanto eu subitamente aceitava o fato de que aquela realidade era o lar deles.

É assim. Essa é uma experiência que nunca poderia ser replicada lendo-se um livro, visitando-se um site ou até mesmo assinando-se um cheque. Existem crianças hoje, no mundo todo, vivendo em lixões e procurando por comida ou latinhas de alumínio para reciclar. Uma coisa é ler sobre essa realidade e entender cognitivamente que isso acontece; outra coisa completamente diferente é vê-la, cheirá-la e segurar as mãos das crianças. *Esse* é o efeito que sair da nossa bolha pessoal e ajudar outros seres humanos têm sobre nós.

Eu nunca mais serei o mesmo por causa daquela única tarde. Consegui isso por meio de ações simples de assumir as necessidades dos outros e servir.

Entretanto, você não precisa viajar para uma parte longínqua do mundo para pôr a mão na massa e ajudar os outros.

Uma Vida de Bondade

Dion Mitchell cresceu perto de Toledo, em Ohio, em uma vida confortável. Na infância e juventude, ele não teve muito contato com pessoas pobres. A família de Dion também não tinha um padrão consistente de servir aos necessitados. Porém em todo feriado de Ação de Graças, por razões que ele não era nem capaz de articular, eles entregavam refeições para as famílias pobres de sua cidadezinha que tinham pouca comida.

Enquanto me contava sobre sua experiência, Dion fazia alguns cálculos rápidos na cabeça. "Acho que nós fizemos isso por aproximadamente seis anos, e cada ocasião levava cerca de duas horas. Então isso resulta em doze horas da minha vida. Mas quer saber de uma coisa, Joshua? Visitar aquelas famílias é uma das memórias mais vívidas que tenho da minha infância. Ver como outras pessoas viviam e saber qual era a sensação de oferecer algo a elas foi um fato que ajudou a me preparar para servir outras pessoas de forma muito maior quando eu fosse adulto."

O ato de servir nos muda.

Seja mundo afora ou apenas no quarteirão seguinte na nossa cidade, esses simples atos de serviço que provocam uma mudança em nossos corações não precisam ser extravagantes. Novamente, a ciência nos mostra isso.

Emily Esfahani Smith, autora de *O Poder do Sentido*, disse em um artigo de opinião do *New York Times*: "A ideia de que uma vida significativa deve ser ou parecer extraordinária não é apenas elitista como também equivocada... Eu aprendi que as vidas mais significativas muitas vezes não são as extraordinárias: são as vidas comuns vividas com dignidade." Em seu artigo, ela cita dois estudos que nos mostram que viver com abnegação melhora nossas vidas. Um estudo descobriu que, para os adolescentes, as tarefas domésticas podem ter implicações significativas no bem-estar positivo, já que contribuem para algo maior do que para si mesmos. O segundo estudo descobriu que atos para proveito próprio parecem bons enquanto estão sendo realizados, mas não sustentam efeitos positivos no longo prazo. Por outro lado, uma ação altruísta, até mesmo algo como animar um amigo, mostrou um padrão inverso, um efeito positivo duradouro.[8]

Uma vivência de abnegação resulta em maior satisfação geral com a vida.

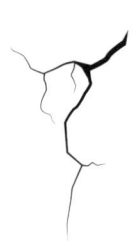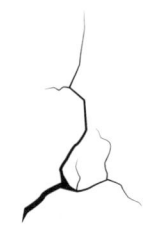

Uma vivência de abnegação resulta em maior satisfação geral com a vida.

Smith concluiu: "Uma vida boa é uma vida de bondade — e isso é algo a que qualquer um pode aspirar, não importa os sonhos ou as circunstâncias."[9] Este é um bom lembrete. O que realmente importa não necessariamente são objetivos grandiosos e remotos. Podem ser coisas simples que estão ao alcance de todos nós. Contudo, ainda são a melhor maneira para gastar nossos dias na Terra, sem nos trazer arrependimentos quando chegarmos ao ponto de recordá-las.

O satirista P. J. O'Rourke disse: "Todo mundo quer salvar o planeta; ninguém quer ajudar a mãe a lavar a louça."[10] Vamos ajudar nossas mães.

A Alegria de Ajudar

Na nossa pesquisa "O que Realmente Importa", perguntamos: "O que geralmente lhe dá uma alegria maior: satisfazer os próprios desejos ou ajudar outras pessoas?" Eu estava bem curioso para ver quais seriam as respostas para essa pergunta. O quão difundida é a percepção de que o ato de servir vence o egoísmo na hora de trazer felicidade? Fiquei contente de ver que a grande maioria — 60% — respondeu "ajudar os outros". Aposto que você diria isso também.

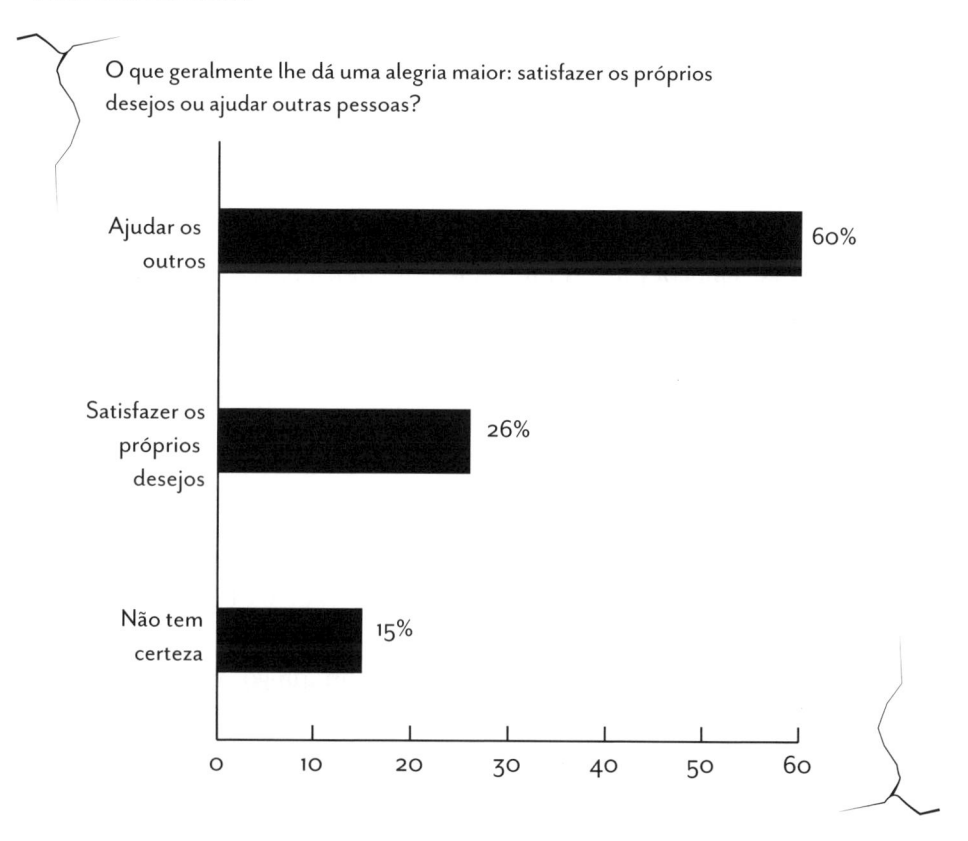

O que geralmente lhe dá uma alegria maior: satisfazer os próprios desejos ou ajudar outras pessoas?

Dados empíricos apoiam o senso intuitivo que muitos temos de que ajudar outros tem o poder de ajudar a nós mesmos. Deixe eu compartilhar apenas mais dois resultados de pesquisa nesse tópico para confirmar ainda mais sua suspeita sobre a importância de viver uma vida altruísta.

Pesquisadores na Universidade Columbia estavam interessados em descobrir se ajudar no bem-estar emocional das pessoas também beneficiava os ajudantes. Então eles conduziram um estudo usando uma plataforma online anônima. Os participantes compartilhavam histórias sobre seus próprios acontecimentos de vida estressantes. Eles também podiam prover suporte emocional para outros participantes ao dar feedback, conselhos e encorajamento. O resultado? "Os participantes que mais se envolveram em ajudar os outros (*versus* compartilhar e receber apoio para os próprios problemas) demonstraram uma queda maior na depressão" e ao "ajudar os outros (...), nós podemos melhorar nossas próprias competências regulatórias e nosso bem-estar emocional".[11]

Um psicólogo independente comentou sobre esse estudo na *Psychology Today*, dizendo:

> Os resultados mostraram que ajudar os outros a fim de regular suas emoções previram resultados emocionais e cognitivos melhores para aqueles participantes que estavam *oferecendo* a ajuda... Análises de acompanhamento continuaram mostrando que esse aumento na reavaliação nas vidas das pessoas também afetava os humores e a felicidade subjetiva delas.[12]

Em suma, incentivar a recuperação emocional de outra pessoa nos ajuda a melhorar nossa própria saúde emocional.

Em outro estudo, pesquisadores da Universidade de Pittsburgh deram a 45 voluntários a oportunidade de fazer algo que beneficiariam ou a eles mesmos, a uma instituição de caridade ou a um amigo que estava precisando de ajuda. Quando os cérebros dos participantes foram examinados, os pesquisadores descobriram que "os participantes que escolheram ajudar uma pessoa em particular não apenas apresentaram um aumento na atividade em dois 'centros de recompensa' de seus cérebros, como também tiveram uma *queda* de atividade em três outras áreas que ajudam a informar a resposta física do corpo ao estresse por meio da pressão sanguínea e de inflamações". Em outras palavras, essas pessoas estavam mais felizes e mais calmas como resultado de ajudar outro indivíduo.[13]

A evidência de que as buscas egoístas não trazem a felicidade que esperamos é clara. E agora sabemos o que de fato a traz.

Nós precisamos servir os outros para alcançar nosso potencial máximo. E Deus sabe que o mundo precisa que nós sirvamos.

Casa da Miséria

Alguns anos atrás, eu estava na cidade de San Salvador, em El Salvador, visitando uma casa de aproximadamente 19m² que pertencia a uma mulher chamada Lucilia. Ela tinha 40 anos, mas poderia passar facilmente como alguém de 50, já que o sol salvadorenho e os estresses da vida tinham envelhecido seu rosto prematuramente. Ela vivia com as duas filhas, de 15 e 3 anos. Algumas galinhas ocupavam o quintal, o que me revelou que Lucilia vendia ovos, provavelmente poucos por dia, para sustentar a família.

Com lágrimas escorrendo pelo rosto envelhecido, Lucilia compartilhou comigo a história da sua filha de 15 anos, Rachelle. Nos dois anos anteriores, Rachelle tinha vivido com uma doença terminal que lhe atacou os ossos. Isso deixou seu corpo deformado e quase completamente inválido. Como resultado da sua doença, aquela linda adolescente em breve perderia a sua vida. A doença vinha causando uma dor excruciante e implacável em Rachelle. Remédios para dor ajudariam, e na verdade havia uma farmácia bem do outro lado da rua que poderia ter fornecido para elas. Porém, como Lucilia explicou, a família simplesmente não tinha dinheiro para pagar pelas medicações que aliviariam a dor de Rachelle durante a fase final de sua vida. Um punhado de ovos vendidos por dia não proporcionaria comida e também os remédios.

Meu coração se partiu por essa garotinha — e pela mãe, que estava em aflição porque não podia ajudar a filha que tanto amava.

No meio dessa conversa, uma cena diferente começou a se desenrolar no chão da casa escura e suja. Enquanto estávamos falando, a filha de 3 anos de Lucilia, Anna, deixou o cômodo brevemente e então retornou com uma caixa pequena de gizes de cera usados e um livro de colorir. Anna se sentou no piso de ladrilho, pegou dois gizes da caixa e abriu o livro de colorir na primeira página — já estava colorida. Então ela virou para a página seguinte — também já estava colorida. Assim como a página seguinte... E a seguinte... E a seguinte... E a seguinte... E a seguinte — todas coloridas. Aquele era o único livro de colorir que Anna tinha, e ela já havia colorido todas as páginas. Meu coração novamente se partiu por aquela família. Ah, como eu queria correr para armário da minha filha e pegar só um dos vários livros de colorir dela e dar para aquela garotinha preciosa!

O impacto da pobreza colocado em evidência naquela manhã estava entre as coisas mais poderosas que eu já havia testemunhado. Fez com que eu desejasse mais uma vez que aqueles que têm mais do que precisam compartilhassem mais coisas com aqueles que não têm o suficiente.

Veja bem, não sou ingênuo de pensar que o ciclo da pobreza ao redor do mundo será quebrado simplesmente se aqueles de nós que são mais favorecidos escolherem se apegar a menos coisas e oferecer mais. Há grandes fatores em jogo quando o problema é a pobreza. Contudo, quando você entra na casa de uma garota de 15 anos moribunda, cuja mãe não tem condições de comprar os remédios para dor disponíveis do outro lado da rua, lar de uma menininha cujo único livro de colorir já está todo pintado, você sente que a ação o chama. Você começa a defender o privilégio de compartilhar com os outros. Você percebe que a história de Lucilia está intimamente ligada com a sua. E finalmente faz sentido que nada pode trazer mais satisfação na sua vida do que ajudar os outros.

Queria poder dizer que fui capaz de resolver todos os problemas de Lucilia naquele dia, mas não é dessa forma que o mundo funciona sempre. Porém fiz o que eu pude. Quando voltamos para o lugar onde estávamos hospedados em São Salvador, peguei um pouco de dinheiro que restava na minha mochila e ofereci para o líder da nossa viagem. Pedi que ele garantisse que Rachelle conseguisse alguns dos remédios para dor que ela precisava. Não era muito, mas era tudo o que eu tinha.

E Então Vem a Felicidade

Quando tiramos o foco de nós mesmos, vivemos vidas de significados maiores e contribuição maiores. Quando servimos aos outros sem se preocupar com o que vamos receber em troca, experimentamos a beleza do amor altruísta. E quando direcionamos nossos recursos de tempo e dinheiro para os outros, começamos a descobrir buscas mais valiosas do que bens materiais, fama, beleza ou sexo.

Essa é uma mudança importante na nossa visão de mundo. Não apenas porque o potencial de contribuição aumenta, mas também porque nossa experiência pessoal com a felicidade começa a crescer.

Perguntar sempre a si mesmo "Como essa ação beneficia outra pessoa?" pode servir como um importante catalisador para mudar nossa visão sobre quase tudo o que fazemos. Isso imediatamente traz para nossas vidas um novo nível de felicidade.

Comece a servir um pouco. E então sirva um pouco mais. E depois faça do ato de servir um hábito. Você descobrirá que tem menos arrependimentos sobre como está vivendo. E um dia perceberá que o pássaro da felicidade está empoleirado no seu ombro.

6

O Suficiente É Isto: Suficiente!

Superando a Distração do Dinheiro

O dinheiro não vai fazer você feliz... Mas todo mundo quer descobrir isso por si mesmo.

— ZIG ZIGLAR

Numa noite de sexta-feira, quando estava no início dos meus 30 anos, eu me vi no banco do passageiro de um carro de um amigo. Tínhamos acabado de sair para jantar, como fazíamos pelo menos uma vez por mês. Ele estava mais adiante na sua carreira do que eu e gentilmente abria mão de um tempo, todo mês, para investir em mim e me orientar. Como sempre, ele pagou pelo jantar, sem me dar nem mesmo chance de pedir a conta, e deixou uma gorjeta generosa.

Nessa carona em especial, enquanto estacionávamos no meu bairro, fiz uma pergunta que apareceu na minha mente: "Você sempre foi generoso assim ou teve um momento específico no qual você decidiu ser generoso?" Não sei se ele percebeu, mas eu tinha uma motivação pessoal para fazer aquela pergunta. Eu estava começando a questionar o uso do meu dinheiro e queria me tornar mais generoso como ele.

Num primeiro instante, ele tentou evitar a pergunta, alegando que não era particularmente generoso e nunca havia pensado sobre si mesmo daquela forma. Mas insisti. Eu havia aprendido muito sobre generosidade com ele, especificamente que a generosidade financeira vinha de diferentes formas e que você não precisa ser rico para ter sua vida definida por isso.

Quando eu finalmente consegui fazer com que ele respondesse à pergunta — àquela altura, estávamos sentados na minha calçada —, ele encheu meu espírito de esperança. "Não, Joshua, nem sempre fui uma pessoa generosa", falou. "Porém, em algum ponto de minha vida, me ocorreu que todos os homens e mulheres que eu admirava e queria usar como modelo eram pessoas generosas. E, naquele dia, eu decidi que me esforçaria ainda mais para isso."

A observação do meu amigo estava certa naquela época — e ainda está certa nos dias de hoje. Quando consideramos os homens e as mulheres que mais queremos emular em nossas vidas, eles também não são as pessoas mais generosas entre nós? São gentis, amáveis, atenciosas e altruístas. São pessoas prontas a compartilhar seu tempo, dinheiro, talento e ânimo. Pode haver momentos em que queremos ser ricos, mas, lá no fundo, percebemos que as pessoas que mais admiramos são generosas, não ricas. E em algum ponto de nossas vidas, se quisermos chegar ao fim dela com poucos arrependimentos, nós devemos tomar a decisão de ser assim também.

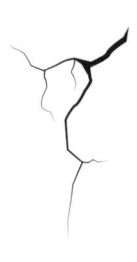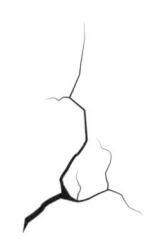

> Quando consideramos os homens e as mulheres que mais queremos emular em nossas vidas, eles também não são as pessoas mais generosas entre nós?

Entretanto, por que isso é tão difícil? É porque nosso desejo por dinheiro é mais persistente do que notamos?

Desejo por Dinheiro

Um provérbio bem conhecido diz: "O amor pelo dinheiro é a raiz de todo mal."[1] E não conheço muita gente que discorde disso. Porém há uma questão nesse ditado — ninguém pensa que *ama* dinheiro. Quando ouvimos uma frase como "o amor pelo dinheiro é a raiz de todo mal", a maioria de nós assume que *outra pessoa* precisa ouvir essa mensagem — nossos chefes, nossos cônjuges, nossos amigos da rua ou aquele empresário bilionário que apareceu recentemente no noticiário. Nós não nos vemos incluídos nesse provérbio antigo.

Ninguém *ama* dinheiro... Mas todo mundo, com certeza, quer mais dele. Será que chega uma hora em que é suficiente?

O dinheiro é a maior fonte de estresse entre os norte-americanos, e cerca de 70% das pessoas com renda se preocupa com dinheiro regularmente.[2] Isso é assim apesar do fato de os Estados Unidos serem uma das nações mais ricas na história mundial. Como isso acontece? Por que 70% das pessoas de uma nação tão rica estão tão estressadas quando o assunto é dinheiro? É porque nós não temos o suficiente? Setenta por cento de nós têm carência de alimentação, moradia ou vestimenta? Não, não é isso.

Se você pensa que pode ganhar mais do que seu desejo por dinheiro, está enganado. Até mesmo aqueles que as pessoas geralmente considerariam ricos não pensam que têm dinheiro suficiente. Por exemplo, 87% dos milionários não diriam que são ricos[3]. Num estudo da Boston College, pessoas com uma fortuna média de 78 milhões de dólares sentiam que precisavam de 25% mais riqueza para ficarem satisfeitos.[4] Dizem que até mesmo John D. Rockefeller, o homem mais rico da história dos Estados Unidos, quando foi questionado: "Qual quantia de dinheiro é suficiente?", disse: "Só um pouquinho mais."

Na maioria dos casos, não ficamos estressados com dinheiro porque não temos o suficiente; ficamos estressados com dinheiro porque simplesmente queremos mais dele.

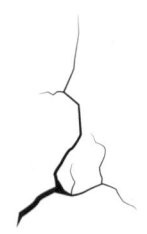

> Não ficamos estressados com dinheiro porque não temos o suficiente; ficamos estressados com dinheiro porque simplesmente queremos mais dele.

Recorremos ao dinheiro para prover coisas que ele é incapaz de proporcionar (isto é, felicidade e segurança). Nós pensamos: *se eu ganhasse X ou tivesse economizado Y, eu me sentiria seguro e feliz.* No entanto, atingimos essa quantia e não nos sentimos felizes ou seguros. Em vez de pensar: *Talvez eu estivesse procurando a felicidade no lugar errado*, apenas mudamos a quantia desejada. *Ah, na verdade, se eu tivesse Z, eu me sentiria feliz e seguro.* Contudo, isso nunca acontece... Porque o dinheiro *nunca* fornece felicidade ou segurança duradoura, muito embora estejamos constantemente estressados ao pensar que ele deveria fazê-lo.

Na pesquisa "O que Realmente Importa", perguntamos: "Você acha que seria mais feliz se tivesse mais dinheiro?" Você acreditaria que 79% dos entrevistados disseram que seriam mais felizes se tivessem mais dinheiro? Claro que acreditaria. Porque a maioria de nós pensa a mesma coisa!

Você acha que seria mais feliz se tivesse mais dinheiro?

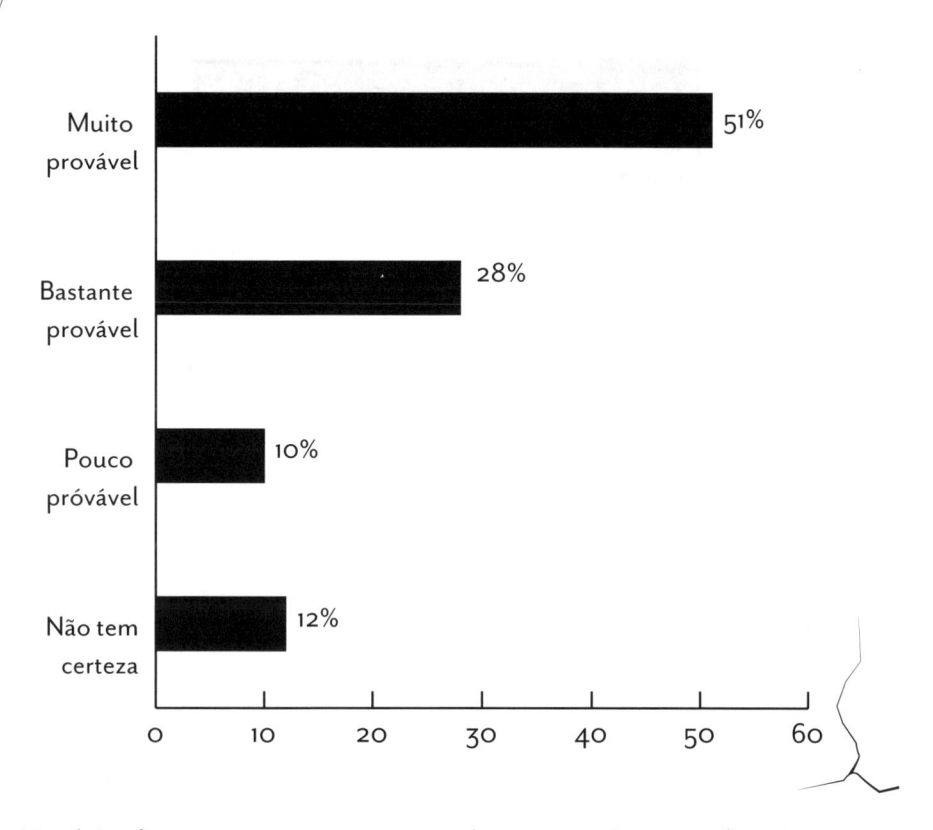

Também fizemos uma pergunta complementar: "Com que frequência o seu desejo de obter mais dinheiro influencia suas decisões diárias?" Quase 70% dos entrevistados disseram que o desejo de obter mais dinheiro influencia suas decisões diárias às vezes, frequentemente ou sempre.

Como vamos viver vidas mais generosas, com foco nas coisas que realmente importam, se nossas decisões diárias estão tão focadas em obter mais dinheiro por pensarmos que isso nos fará mais felizes? Não vamos conseguir.

Quanto mais cedo percebermos isso, melhor.

O Advogado Reformado

Muitos anos atrás, Jay Harrington era um advogado ambicioso e esforçado da área metropolitana de Detroit. Além desse emprego, ele e a esposa, Heather, eram donos da Harrington, uma agência de estratégia de marca e design especializada em prover soluções criativas para firmas de serviços profissionais. Pelas aparências, Jay era bem-sucedido em ambos os empregos, ganhando muito dinheiro.

Porém, por dentro, ele estava muito triste.

"Os dias se arrastavam enquanto os anos pareciam voar", Jay lembrou. "Eu passava mais tempo vivendo através de uma tela do que apreciando as maravilhas do mundo real."[5] *O que há de errado comigo?*, ele se perguntava. No fim das contas, percebeu que tinha perdido o entusiasmo por viver. Ele estava *financiando* uma vida, mas não a estava *vivendo*.

Uma coisa que ele considerava importante era estar conectado com a natureza e com os ritmos dos dias conforme passavam. Outra coisa era ter tempo suficiente para Heather e as três filhas. Ele não sabia exatamente como seria a sensação de alcançar tudo aquilo, mas sabia que tinha que dar passos naquela direção. Aqui vai a história do que aconteceu, nas próprias palavras dele:

> Eu respirei fundo e comecei a trabalhar.
>
> Deixei o escritório de advocacia que tinha fundado...
>
> Vendemos a nossa casa. Mudamos de um imóvel caro no subúrbio para uma cidadezinha no norte de Michigan com nossas garotinhas. Demos alguns passos para trás para criar espaço e tempo, a fim de que pudéssemos tomar uma decisão lúcida sobre o caminho que seguiríamos quando estivéssemos prontos para avançar de novo...
>
> Como Thoreau, nós fomos "para o bosque" para viver de forma mais consciente.
>
> Acelere para cinco anos depois, e agora estou mais ocupado do que nunca entre as responsabilidades profissionais e familiares. E também estou mais feliz do que jamais estive.
>
> A grande diferença é que agora estou ocupado nos meus próprios termos, no lugar de minha escolha. Minha ambição não diminuiu, mas ela não está mais me consumindo. Eu estou focado no que realmente importa para mim, não em todas as armadilhas do "sucesso" que apenas me atrapalham de ter uma vida significativa.[6]

Hoje em dia, Jay se autodenomina um "advogado reformado". Com a esposa, ele ainda comanda a agência de design deles. Eles não ganham mais tanto dinheiro quanto antes, mas é o suficiente. Nenhum dos dois se arrepende de suas escolhas, porque agora estão vivendo de um jeito em que há mais espaço para a família, para diversão e para os prazeres da natureza.

Limitando o Nosso Potencial

Escolhas financeiras nos forçam a olhar para o nosso coração. Para ser mais específico, nós precisamos considerar se fizemos do dinheiro um fim em si, em vez de um meio para proporcionar ou construir o que consideramos importante. Aqueles que vivem constantemente desejando dinheiro caem em uma armadilha que nos deixa com promessas vazias, desejos não realizados e um potencial limitado.

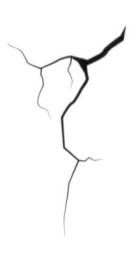
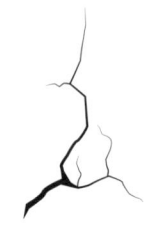

> Nós precisamos considerar se fizemos do dinheiro um fim em si, em vez de um meio para proporcionar ou construir o que consideramos importante.

Um dos motivos é que o desejo por dinheiro nunca pode ser satisfeito. Ele é um amor impossível que sempre deseja mais. E, mais do que isso, ele mantém a nós, nossas atitudes e nossas ações em cativeiro. Quando o amor ao dinheiro está presente, a plenitude não está, porque somos constantemente feitos de reféns pela busca da riqueza material.

A busca por dinheiro começa a consumir nosso tempo, energia e foco. Seja pensando em como encontrá-lo, ganhá-lo, fazê-lo render ou economizá-lo, o desejo de adquirir mais resulta no constante direcionamento da nossa atenção para ele. Existem oportunidades de aumentarmos nossa fortuna em todo lugar ao nosso redor, o tempo todo. Seja fazendo horas extras, indo atrás de um novo cliente, começando uma atividade ou gerenciando nossos investimentos, a busca pelo dinheiro requer nosso tempo e energia.

Mas isso não é tudo. A busca pelo dinheiro começa a burlar e até mesmo a alterar nossos valores. Quando o desejo pelo dinheiro está presente em nossas vidas, quase viramos pessoas diferentes, muitas vezes nos envolvendo com comportamentos que, de outra forma, evitaríamos. O desejo alimenta a competição com os outros. O amor pelo dinheiro exige que eu deseje o que já possui. Para que eu ganhe mais, você deve se desfazer do que é seu. O mundo rapidamente vira um jogo de soma zero dominado pelo ciúme e pela inveja.

O desejo pelo dinheiro começa a dominar nosso tempo, nossa energia, nossos valores e nossos relacionamentos. Com bastante frequência, ele limita o nosso potencial de trazer o bem para o mundo, porque nunca poderemos nos tornar maiores do que aquilo que mais desejamos. Quando a aquisição do dinheiro se torna nosso maior objetivo, nunca poderemos nos tornar maiores do que o saldo na nossa conta bancária. E isso é uma pena, porque temos muitas outras coisas melhores para oferecer a este mundo.

Agora, é importante observar que o dinheiro por si só não é maligno. O dinheiro é amoral ou neutro por si só — tecnicamente, ele é apenas um meio de facilitar a troca de mercadorias e serviços. Se nosso coração está no lugar errado, ele pode levar a "todo tipo de mal". Se tivermos um coração generoso, o dinheiro pode ser usado para todo tipo de coisas boas. Entretanto, essa é a diferença de se viver uma vida com uma busca constante por dinheiro.

Eu também devo apontar que o ato de ganhar dinheiro não é algo ruim. Todo mundo deveria ser compensado adequadamente pelo trabalho que faz, e algumas pessoas são especialmente talentosas nisso — dê a elas alguns trocados, e elas os multiplicarão. Não estou falando contra salários, compensação ou lucro. Por favor não se engane achando que este capítulo é sobre não trabalhar duro (vou falar especificamente sobre isso no Capítulo 9). Trabalhar duro é diferente de desejar ter fortuna.

Então a questão não é quanto dinheiro nós temos. A maior pergunta que precisamos responder é a seguinte: estamos gastando tempo demais da nossa única vida — desejando dinheiro e sempre nos esforçando para conseguir mais? Porque quando fazemos isso, vamos inevitavelmente ficar distraídos das coisas que realmente importam no longo prazo. Quando o suficiente é realmente suficiente?

Talvez Não Precisemos de Mais Dinheiro

Tento lembrar que todo mundo é único, com um passado próprio e focado em paixões únicas. Nós somos diferentes em nossas nacionalidades, heranças, gêneros, status familiares, religiões, culturas e visões de mundo. Porém estou cada vez mais convencido de que há uma característica que une cada um de nós: pensamos que precisamos de mais dinheiro do que realmente necessitamos.

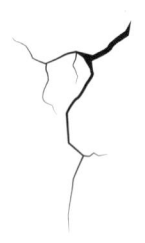 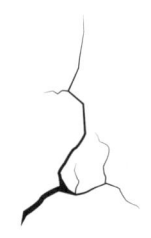

> Pensamos que precisamos de mais dinheiro do que realmente necessitamos.

Claro, há muitas outras pessoas no mundo que precisam de mais dinheiro para uma sobrevivência legítima. Contudo, não estou incluído nesse grupo. E provavelmente você também não. É mais provável que você já esteja ganhando dinheiro o suficiente para suprir suas necessidades — provavelmente mais do que o suficiente. Afinal, se está lendo este livro, você é uma pessoa educada, que tem acesso a livros e ao prazer e à liberdade de refletir sobre os seus objetivos de vida. Você provavelmente vive em uma das nações mais desenvolvidas do mundo. Não está lutando para alcançar a primeira categoria na hierarquia de necessidades de Maslow. Contudo, nossa situação é mais rara do que podemos pensar.

O Banco Mundial disse que, em 2017:

- 9,2% da população vivia com menos de US$1,90 por dia.
- 24,1% do mundo vivia com menos de US$3,20 por dia.
- 43,6%, com menos de US$5,50 por dia.[7]

Apenas pare e pense como *você* sobreviveria com US$5,50 por dia. Dá para imaginar? Nos Estados Unidos, há uma discussão de que o salário mínimo *por hora* deveria ser US$15 — três vezes a quantia que 44% da população mundial ganha em um dia inteiro! Para levar isso ainda mais além e colocar sua situação financeira em perspectiva, se sua família, composta de quatro pessoas, ganhar US$50 mil por ano, você está entre os 10,6% de pessoas no topo da renda do planeta.[8]

A pobreza ainda prevalece incrivelmente no mundo, e nós precisamos diminuí-la. Na verdade, espero que mais de nós aceitem o desafio de confrontá-la e eliminá-la.

Contudo, vamos discutir algo que não é muito abordado. Há consequências e tentações que acompanham a pobreza, e todos nós podemos adivinhar quais são elas. Porém a riqueza traz as próprias consequências e tentações.

Pessoas que têm dinheiro tendem a ser mais isoladas e mais solitárias que as outras, como apontei no capítulo anterior. Elas podem dar ênfase ao individualismo e à autossuficiência, à custa da comunidade, e demonstrar falta de empatia, senso de merecimento e arrogância.[9] Você sabia que quanto mais caro o carro que um motorista tiver, mais provável é que ele cometa infrações de trânsito, como não parar para um pedestre atravessar na faixa?[10]

É verdade que se ter mais dinheiro não é o segredo para se ter mais felicidade. Ele não resolve todos os nossos problemas. Na maioria das vezes, ele traz novos problemas. Como Benjamim Franklin disse: "O dinheiro nunca fez um homem feliz, nem o fará. Quanto mais você tem, mais você quer. Em vez de preencher um vazio, ele cria outro."[11] Talvez o maior perigo da riqueza é que ninguém a aprecia quando a alcança. Desejam mais, continuamente. É por isso que aqueles entre os 10% com as maiores rendas do mundo ainda podem pensar que não têm o suficiente.

Uma vez entrevistei um homem chamado Daniel Suelo, que tinha decidido viver sem dinheiro — *completamente* sem dinheiro. Eu estava sentado em um aeroporto em Charlotte quando me deparei com sua história e imediatamente entrei em contato por e-mail para ver se poderíamos conversar. Eu tinha que ouvir mais sobre aquilo. Ele graciosamente concordou.

Já faz anos que Daniel tem vivido em uma variedade de locais ao ar livre, incluindo em uma caverna no Utah. Ele se alimenta pescando e coletando amoras e outros comestíveis. Ele vai até uma cidade próxima e consegue comida nas latas de lixo.

Por que ele está fazendo isso? Em parte porque ele quer provar que é possível viver fora do sistema econômico. Em parte porque ele quer ter o mínimo de impacto ecológico. Independentemente do *porquê*, Daniel prova que uma pessoa pode viver uma vida significativa sem dinheiro. A coisa mais profunda que o ouvi dizer foi: "O dinheiro apenas existe se duas ou mais pessoas acreditarem que ele existe."

Acho que nos apegamos tanto à mentalidade de que o dinheiro é um recurso muito valioso e que ele pode trazer todo tipo de coisas boas para nossas vidas que nós literalmente planejamos nossos dias em torno do modo pelo qual podemos conseguir mais dele. Porém, quando você o analisa, é apenas um pedaço de papel ou um pedaço redondo de metal (ou números armazenados em um computador). Ele tem valor apenas porque acreditamos que tem... Ou porque o governo diz que tem.

Claro, o dinheiro agiliza o comércio. Contudo, há uma chance de que tenhamos exaltado demasiadamente seu valor em nossas afeições? Tenho certeza disso. E isso ocorre em detrimento de nós mesmos.

Suelo é um exemplo extremo, e você provavelmente quer viver numa caverna tanto quanto eu. Entretanto, a história dele serve para mostrar que, mesmo em nações modernas e desenvolvidas, é possível viver com menos dinheiro, ou até mesmo sem nada. E uma vez que comecemos a entender isso, uma nova liberdade de oportunidades começa a aparecer em nossas vidas.

Alguns anos atrás, a *USA Today* publicou um artigo chamado "Price Tag for the American Dream: US\$130K a Year" ["Preço do Sonho Americano: US\$130 mil por Ano", em tradução livre]. Para chegar ao valor, o autor somou todas as despesas que uma família de quatro pessoas tem para levar uma vida saudável e plena. Entre as despesas estavam: US\$17 mil por ano para hipoteca, mais de US\$12.500 por ano para alimentação, US\$11 mil por ano para um veículo, e mais para férias, seguro, educação e poupança para a aposentadoria. Baseado nos cálculos, o autor disse: "Está claro: cada vez menos pessoas podem se permitir viver esse sonho."[12]

Li o artigo quando ele foi publicado pela primeira vez e soube imediatamente que era bobagem. Apesar de ter uma família de quatro pessoas que havia vivido bem contente e confortavelmente em quatro estados diferentes, eu nunca havia ganhado metade daquela quantia anualmente. Eu sabia em primeira mão que o sonho americano não custava US$130 mil por ano.

Porém eu tinha medo da reação dos outros que leriam aquele artigo. Quando o mundo ao nosso redor grita que precisamos de mais dinheiro para viver bem, rapidamente caímos na tentação de pensar que não temos o suficiente, em vez de perceber que a maioria de nós já é rica.

Vivi como um minimalista durante os últimos doze anos, e um dos benefícios vitalizantes que percebi ao longo do caminho é que nós precisamos de muito menos do que pensamos que precisamos. Muitos dos minimalistas que conheci provaram que podem viver uma vida boa com muito menos do que pensavam precisar originalmente. A maioria das pessoas não tem problema com o quanto recebem; elas têm problema com os seus gastos.

Nós não *precisamos* realmente de mais dinheiro. Nós só queremos mais.

Nós gostaríamos de ter mais dinheiro em nossos bolsos. Queremos salários maiores. Queremos um saldo maior na nossa conta-corrente, na poupança ou na conta da aposentadoria. E vinculamos nossa felicidade a essa busca pelo dinheiro.

Embora nossas necessidades básicas tenham sido supridas, nosso desejo por dinheiro persiste. Com muita frequência, esse desejo começa a criar raízes como uma *necessidade* percebida dentro de nós. E antes que possamos dar conta, esquecemos que estamos falando de um *querer* e começamos a confundi-lo com uma *necessidade*. E o estresse financeiro de nunca ter o suficiente começa a florescer. Contudo, na realidade, o que *precisamos* e o que *queremos* raramente são a mesma coisa.

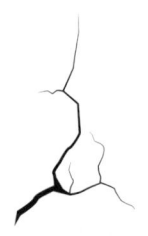

> Se gastássemos menos tempo
> tentando ganhar mais dinheiro,
> teríamos mais tempo, energia e
> espaço para outras coisas.

E se gastássemos menos tempo tentando ganhar mais dinheiro, teríamos mais tempo, energia e espaço para outras coisas. Se precisássemos de menos dinheiro para nós mesmos, teríamos mais dinheiro para gastar nas buscas do que é mais significativo para nós.

Economizando para quê?

Greg McBride, o analista financeiro chefe da Bankrate.com, disse uma vez: "Nada o deixa dormir melhor à noite do que saber que você tem dinheiro guardado para cobrir despesas não planejadas."[13] Concordo com ele, pelo menos até certo ponto. Há sabedoria em economizar dinheiro para momentos futuros de necessidade não planejada.

Porém é possível economizar demais?

Posso lhe dizer uma coisa: este não é um assunto que você vá encontrar em artigos de alguma das revistas populares sobre dinheiro. E não consigo me lembrar de já ter visto um comercial de uma empresa de assessoria financeira na televisão nos alertando de que nós podemos estar guardando muito. Essa é uma questão contracultural. Contudo, é possível levar uma vida de grande significância e impacto quando lutamos com isso?

Considere esta perspectiva. Quando economizamos, guardamos dinheiro para necessidades futuras em potencial. Mas essa poupança sempre vem com um custo de oportunidade. Por natureza, economizar para necessidades *pessoais potenciais* do *futuro* vêm à custa de se suprir a necessidade *real de alguém hoje*.

Em todos os lugares que olhamos, vemos necessidades ao redor. Aproximadamente 820 milhões de pessoas não têm comida suficiente para comer; 768 milhões vivem sem acesso a uma fonte de água tratada; e 2,5 bilhões de pessoas no nosso mundo hoje vivem sem saneamento apropriado.[14] Homens e mulheres em sua cidade vivem em caixas de papelão ou debaixo da ponte. Órfãos precisam de lares. Mães solos precisam de assistência financeira. Mulheres que sofreram agressões precisam de um novo começo. Os desfavorecidos precisam de condições equitativas. Seu vizinho precisa de ajuda com despesas médicas. Há inúmeras pessoas vivendo hoje com necessidades emocionais, espirituais e físicas profundas e dolorosas.

E nosso dinheiro pode ajudar a consertar esses problemas agora mesmo. Nosso dinheiro pode ajudar a resolver problemas de saúde, de injustiça e desigualdade.

Entretanto, em vez de ajudar a alimentar a família desabrigada no final da rua, escolhemos separar parte do nosso dinheiro *para o caso* de algum dia nos encontrarmos na mesma situação. Em vez de financiar adequadamente a educação básica no centro de nossas cidades, separamos dezenas de milhares de reais para nossos filhos e filhas irem às melhores faculdades. Em vez de doar dinheiro para comprar sopa para os famintos hoje, esperamos economizar o suficiente para servir a melhor costela na festa de casamento da nossa filha. Em vez de ajudar a criar casas acessíveis para os sem-teto, o norte-americano médio está lutando para economizar US$1,7 milhão para a aposentadoria.[15]

Isso parece ser o melhor uso possível para o nosso dinheiro?

Ou estamos tão preocupados com nosso próprio conforto e segurança que não conseguimos nem mesmo reconhecer a oportunidade de fazer algo maior com nossas vidas? Não seria isso apenas outra forma pela qual querer mais dinheiro atrapalha as coisas que realmente importam?

Você provavelmente ouviu sobre as taxas abismais das poupanças nos Estados Unidos e em outros países. E é verdade: pouquíssimas pessoas guardam dinheiro. Quase ¾ de todos os empregados dos EUA estão vivendo contracheque a contracheque, enquanto quase três em cada dez adultos não têm sequer uma poupança de emergência.[16] E se este é o seu caso, seria uma boa ideia assumir o controle do destino de seu dinheiro e cortar despesas sempre que possível, porque ainda é uma coisa sábia economizar dinheiro para o futuro. E talvez essa seja a mensagem que você precisa tirar deste capítulo.

No entanto, para aqueles que estão gastando demais consigo mesmos ou economizando demais para necessidades que podem ou não aparecer, escolha errar por excesso de generosidade. No fim, você estará mais orgulhoso do dinheiro que deu para os outros do que do dinheiro que guardou para si.

> ## Você estará mais orgulhoso do dinheiro que deu para os outros do que do dinheiro que guardou para si.

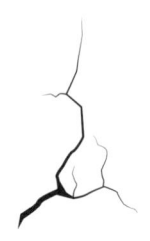

Você pode começar a evitar arrependimentos hoje, se...

Começar a dar um pouco mais.

Tente Isto

Se está estressado por causa de dinheiro (o que inclui 70% de nós), o jeito mais rápido de aliviar esse estresse e mudar sua perspectiva é dar dinheiro — literalmente o oposto do que você esteve tentando fazer no passado. O que é bom, porque o que quer que estejamos fazendo para tentar aliviar o estresse financeiro claramente não está funcionando.

Tente fazer este experimento: dê cinco reais para alguém esta semana. Você pode jogar no pote de um pedinte, colocar na caixinha de gorjetas de um mercado ou doar através dos vários sites de caridade. No fim da semana, veja se você ainda tem comida, um teto e roupas. Você terá, com certeza. Suas necessidades ainda serão supridas. Tente de novo na semana seguinte. Depois de algumas semanas com suas necessidades ainda sendo supridas, tente dar dez reais por semana. De novo, descobrirá que haverá comida em sua mesa e um teto sobre sua cabeça. O objetivo aqui não é dar apenas um pouco de dinheiro por semana; o objetivo é perceber que suas necessidades estão sendo supridas *e* você ainda tem um extra para doar.

(Sei que você já pode estar doando para caridade. Se esse for o caso, adicione cinco ou dez ou até mesmo cinquenta reais à doação da próxima semana. E note se suas necessidades ainda estão sendo supridas. Certamente estarão.)

Nesse momento, você descobrirá o maior benefício da generosidade. Ela muda nosso entendimento sobre o que é o suficiente. Ela nos mostra o quanto temos para dar e quantas coisas boas podemos realizar. Ela nos ajuda a ver as necessidades daqueles que vivem próximo a nós e começa a aliviá-las.

Essa é uma lição que a minha mãe aprendeu com a mãe dela. Minha avó tinha a reputação de ser incrivelmente generosa, então não era algo incomum alguém bater à porta dos Salem pedindo dinheiro. Minha mãe me disse que mais de uma vez, quando ela era criança, ela viu um estranho chegar à porta e contar para a Vovó uma história sobre dificuldades financeiras. Minha avó quase sempre dava dinheiro para a pessoa.

Do seu quarto no andar de cima, minha mãe espiava na janela e assistia à transação acontecer. Sendo uma garotinha, ela não era capaz de entender a situação. Por que a mãe dela daria dinheiro para um estranho, especialmente quando a própria família era tão pobre? Porém, quando foi crescendo, ela começou a entender. "Meus pais eram pessoas generosas que queriam ajudar quando viam uma necessidade. E quer saber? Nós nunca tivemos muito, mas sempre tínhamos o suficiente. E, olhando para trás, aquelas memórias de observar minha mãe ajudando pessoas necessitadas me dão mais alegria hoje do que qualquer coisa que nós poderíamos ter comprado."

Às vezes, a generosidade beneficia tanto quem dá quanto quem recebe.

Hoje Versus Amanhã

Quando recebei meu primeiro pagamento adiantado por um livro, nossas despesas regulares já estavam sendo cobertas pelo meu outro trabalho. Então, de certa forma, o dinheiro adiantado era um extra. Como minimalistas, minha esposa e eu não estávamos prestes a sair por aí e comprar um monte de coisas com ele. Mas o que nós *faríamos* com ele? Nós fizemos um plano.

Naquela época, tive uma conversa com minha irmã, Jana, sobre o pagamento adiantado do livro. Estávamos no quintal da minha casa, apreciando um belo início de noite de outono em Phoenix.

"O que você vai fazer com o dinheiro?", ela perguntou.

"Nós vamos usar para criar uma ONG que vai mudar a forma como o mundo cuida dos órfãos, concentrando-se em soluções com referência na família, em nações em desenvolvimento."

Depois de um breve momento de silêncio, Jana respondeu: "Ah. Pensei que vocês reservariam o dinheiro para o fundo de faculdade dos seus filhos ou algo assim."

Recordando o histórico pessoal que compartilhamos, eu a lembrei: "Mas nossos pais não separaram nenhum dinheiro para que fôssemos para faculdade. E nós dois fizemos, e nosso irmão também. E tudo deu certo para todos nós."

"Sim", ela respondeu. "Mas as coisas estão diferentes agora. A faculdade está muito mais cara do que quando nós estudamos."

Ela tinha razão em um ponto: os custos com as mensalidades das faculdades aumentaram drasticamente nas últimas duas ou três décadas. Por um breve instante, pensei que talvez eu *devesse* guardar o dinheiro para financiar a educação dos nossos dois filhos. Mas, não, minha decisão já tinha sido consolidada por uma verdade importante acerca de segurança duradoura.

Minha resposta foi algo assim: "Jana, você realmente acha que, se eu usar esse dinheiro para ajudar órfãos a encontrar famílias para si, não vai sobrar nenhum dinheiro para meus filhos irem para faculdade quando chegar a hora? Eu me recuso a acreditar que é assim que o mundo funciona. Na minha experiência, tenho visto que a generosidade sempre retorna para quem a pratica."

"Bem", ela disse, "falando dessa forma, parece fazer mesmo sentido".

Nós somos sábios em nos planejar para o futuro e prover para nossas famílias. Porém, quando fazemos isso, devemos considerar nosso desejo de avanço financeiro no contexto de coisas que realmente importam e das necessidades reais dos outros hoje. Talvez seja mais importante ser generoso agora e confiar que as nossas necessidades futuras serão supridas quando o momento chegar. Como um bônus por nossa generosidade, descobriremos que dar generosamente proporciona uma recompensa de alegria.

Um Brilho Especial

Pare e pense sobre uma ocasião em que dar dinheiro fez com que você se sentisse bem por dentro. Não foi uma experiência única, e você está longe de estar sozinho.

Pesquisas internacionais amplas sugerem que a despesa pró-social (ou seja, usar recursos financeiros para ajudar os outros) fornece benefícios emocionais para os doadores em geral — isso é considerado um "fator psicológico universal". Por exemplo, em um dos estudos, "participantes do Canadá e da África do Sul [que foram] encarregados aleatoriamente de comprar itens para caridade relataram níveis maiores de afeto positivo do que os participantes que foram encarregados de comprar os mesmos itens para si mesmos". As descobertas sugerem que, uma vez que vençamos qualquer que seja a resistência que podemos ter para sermos generosos, "a recompensa vivenciada por ajudar os outros" é algo com que podemos contar, independentemente do nosso contexto cultural ou econômico.[17]

Um estudo diferente realizado por alguns dos mesmos autores concluiu: "Tanto estudos experimentais como correlacionais mostraram que as pessoas que gastam dinheiro com outras relatam experimentar mais felicidade. Os benefícios de tal *despesa pró-social* aparecem entre adultos ao redor do mundo, e o brilho especial decorrente de dar algo pode ser detectado até mesmo em bebês."[18]

Quanto Vale um Filhotinho Grátis

Meu amigo Kevin tem três filhas e a mais nova se chama Sophia. Ela sempre foi a econômica da família, guardando cada centavo de mesada ou dinheiro de presente que ela recebia. Aos 9 anos, ela tinha 200 dólares no cofrinho.

Sophia também, por muito tempo, quis um cachorrinho. E quando ela viu um folheto escrito à mão na cafeteria local, informando que um fazendeiro estava dando filhotes de graça, ela vibrou com a possibilidade e rapidamente convenceu o pai a dirigir até a fazenda no dia seguinte.

Quando chegaram, não levou muito para eles perceberem a pequena fazenda e o estilo de vida humilde e modesto do fazendeiro batalhador e sua esposa. Eles faziam trabalho manual pesado todos os dias, mas a pequena fazenda da família quase não conseguia se manter de pé.

Depois de visitar o fazendeiro e brincar com os filhotinhos, Kevin e Sophia prometeram tomar uma decisão até a manhã seguinte. Meu amigo Kevin já tinha se conformado com o fato de que teriam um cachorrinho, mas primeiro ele tinha uma lição de vida importante para ensinar para Sophia.

"Eu queria ensinar para minha filha sobre responsabilidade, trabalho duro e disciplina", Kevin me contou. "Então, naquela noite, perguntei se ela estava disposta a pagar pelo cachorro com o próprio dinheiro."

"Mas os cachorrinhos são de graça", ela respondeu.

"Sim, eu sei", disse Kevin. "Mas pense em todo o amor e cuidado que aquele fazendeiro e a esposa investiram na vida do nosso cachorrinho. E eles claramente não têm muitos recursos. Você não acha que seria legal dar alguma coisa para eles, mesmo que os cachorrinhos sejam de graça?"

Era verdade que Kevin pensou que seria legal da parte deles ajudar o casal de fazendeiros. Contudo, ele também achou que, se Sophia gastasse parte do seu dinheiro com o filhotinho, isso a ajudaria a levar sua responsabilidade com o cachorrinho mais a sério.

"Gostaria que você subisse até o seu quarto e pensasse sobre quanto você gostaria de oferecer ao fazendeiro como presente. E então venha me contar. Você que decide.

Toda séria, Sophia subiu as escadas até o quarto.

Aproximadamente cinco minutos depois, ela desceu saltitante.

"Eu gostaria de dar a ele cem dólares pelo filhotinho", ela disse com um sorriso.

Kevin foi pego de surpresa pela proposta generosa e quase cuspiu sua bebida quando a ouviu. Ele havia pensado que 25 dólares seria um gesto legal. Nunca nem sonhou que a filha, sempre econômica, daria metade de suas economias pelo cachorrinho.

Sem ter certeza do que responder, Kevin pensou que talvez, se ela pensasse um pouco mais sobre o assunto, acabaria mudando de ideia e abaixaria a oferta. Afinal de contas, todos os filhotinhos estavam sendo oferecidos de graça.

Então ele respondeu: "Uau, com certeza é uma quantia alta. Talvez você deva pensar um pouco mais se realmente quer dar tudo isso. Por que você não volta para o quarto e pensa melhor? Leve mais do que cinco minutos desta vez. E então o que você decidir estará decidido."

Ela subiu novamente as escadas.

Quinze minutos depois, Kevin começou a se perguntar se Sophia havia se distraído com outra coisa e se esquecera da sua tarefa. Contudo, quando ele estava prestes a ir buscá-la, ela surgiu no topo da escada. Seus pulinhos estavam de volta.

Kevin estava ansioso para ouvir sua nova decisão. Quanto mais ele pensava sobre a filha dando metade do dinheiro que tinha guardado pelo filhotinho *grátis*, mais ele esperava que ela retornasse com uma quantia mais baixa. Esse cachorro custaria bastante dinheiro para ele, de qualquer forma.

"Então, o que você decidiu?", ele perguntou.

Espero que você não esqueça a resposta dela. Eu certamente não esqueci.

"Bem", ela começou, "Eu estava pensando sobre o que você disse sobre quanto trabalho eles já tiveram, proporcionando um bom lar para o cachorrinho. E então comecei a olhar para o meu quarto e pensar sobre essa casa bonita em que moramos, e todas as coisas legais que nós temos, e como o fazendeiro e a esposa têm tanta pouca coisa. Então, pai, decidi mudar a quantia que eu gostaria de dar a eles pelo filhotinho. Em vez de cem dólares, eu quero dar para eles todos os duzentos dólares do meu cofrinho."

A Grandeza Humilde

Histórias sobre generosidade nos tocam e inspiram. As celebridades podem ocupar as manchetes, mas são os exemplos de doações abnegadas do mundo real — como a Sophia esvaziando seu cofrinho — que nos motiva a fazer o mesmo.

Uma coluna sobre uma mãe adotiva em Mineápolis que dedica duas noites por mês para uma ONG que aloca órfãos em lares amorosos não faz com que muitos jornais sejam vendidos. O mecânico batalhador em Nashville que é pai de três crianças e faz uma doação de quinhentos dólares a uma causa na qual ele acredita não vai para os assuntos mais comentados do Twitter. A família de classe média que dá 10% de sua renda para a igreja toda semana não gera muito tráfego na internet. A viúva que vive em uma casa humilde, mas continua a doar, raramente vai aparecer no noticiário da noite. Porém essas são pessoas reais que estão mudando vidas e fazendo a diferença. Você pode ser uma delas.

Quando meus pais eram jovens e pobres, lutando para criar três crianças com menos de 2 anos, uma pessoa anônima deixou uma vez uma nota de cinquenta dólares em um envelope dentro da caixa de correio. Aquele dinheiro inesperado permitiu que meus pais comprassem os mantimentos daquela semana. Essa história de generosidade foi contada inúmeras vezes na nossa mesa de jantar enquanto crescíamos, e ainda é repetida em reuniões familiares até hoje (e agora neste livro). Um simples gesto de generosidade, de muitos anos atrás, tocou inúmeras vidas. Assim como o simples ato de um mentor pagando pelo meu jantar naquela noite silenciosa em Vermont.

É assim que a generosidade nos afeta. Ela nos impulsiona para que nos tornemos pessoas melhores e inspira outros a fazerem o mesmo. Entretanto, quando vivemos buscando riquezas constantemente, a generosidade sempre vai se esquivar. Você não pode ser generoso e correr atrás de riquezas ao mesmo tempo.

Quanto mais evitarmos a busca vazia pelo dinheiro, mais seremos atraídos para uma vida mais voltada aos outros. E quanto mais somos atraídos a ajudar os outros, acabaremos vivendo vidas melhores, de significado duradouro.

7

O Lixo no Caminho para o Seu Objetivo

Superando a Distração dos Bens Materiais

A simplicidade (...) traz sanidade para nossa extravagância compulsiva e paz para nosso espírito desesperado (...). Ela nos permite ver as coisas materiais pelo que elas realmente são — bens para melhorar a vida, não para a oprimir. As pessoas mais uma vez se tornam mais importantes do que as coisas.

— RICHARD FOSTER, *A LIBERDADE DA SIMPLICIDADE*

Em 2017, fui convidado para falar em uma grande conferência de homens em Varsóvia, na Polônia, sobre o minimalismo. Eu sabia que a Polônia havia reconquistado a independência apenas três décadas antes, mas fui lembrado dessa realidade no banquete de abertura, quando meu intérprete, um homem da minha idade, contou como ficava observando as filas do pão da janela de seu apartamento, durante a adolescência. Ficou mais claro para mim o quão diferente eram nossos históricos de vida.

A transição do comunismo imposto pelos soviéticos para o livre mercado havia sido dura, e a economia polonesa ainda era relativamente pequena. A maioria dos poloneses não tinha tantos recursos como as pessoas no Ocidente, o que significava que, comparada a algumas outras nações, a Polônia não estava tão infestada pelo consumo desenfreado. Apesar disso, a renda pessoal disponível estava em ascensão, então o materialismo poderia facilmente se tornar mais um problema para aquela nação.

Qual foi minha mensagem para os que estavam presentes naquele dia? Aproveitem cada benefício de suas liberdades e oportunidades de empreendimento. Porém, quando o fizerem, não percam de vista as coisas que mais importam. E mantenham suas liberdades focadas em buscas que serão importantes no longo prazo. Em outras palavras, foi a mesma mensagem de *O que Realmente Importa*.

Depois da minha apresentação, eu me sentei com Darek Cupial, o organizador do evento, durante o jantar (que tinha pirogue, claro). Darek disse: "Joshua, posso te falar mais sobre o porquê de eu ter te convidado para falar aqui hoje?"

Do outro lado da mesa, eu conseguia perceber que ele estava debatendo consigo mesmo se deveria compartilhar ou não comigo o que estava pensando. "Claro", respondi. "Por favor."

Ele começou a me contar uma história. "Quando eu era mais novo, tive um mentor importante. Ele era um sobrevivente de Auschwitz que viveria quase a vida inteira na Polônia ocupada — primeiro pelos alemães e depois pelo Partido Comunista da União Soviética.

"Esse homem fez uma observação para mim da qual eu nunca me esqueci. Depois de uma viagem que ele fez para a Europa Ocidental, ele me chamou de canto e disse: 'Passei a perceber que o materialismo faz as pessoas ficarem cativas de várias formas iguais às do comunismo. Porém o materialismo destrói a identidade pessoal intencionalmente.'

"Por isso quis que você estivesse aqui hoje, Joshua. Para nos inspirar, tanto como indivíduos quanto como sociedade, para que não usemos nossa recém-descoberta liberdade para cairmos em mais um cativeiro."

Eu queria ter conhecido aquele velho e sábio sobrevivente de Auschwitz. Aparentemente, ele havia sido capaz de enxergar a realidade mais profundamente do que a maioria das pessoas. De qualquer forma, ele estava certo sobre a destruição que as coisas que possuímos podem causar para nossas almas. Nós estamos tão imersos no materialismo, e damos tanto valor a ele, que podemos ter problemas até mesmo para enxergar o problema. Pior ainda, nós vivemos em uma sociedade que defende a busca e o acúmulo de bens materiais — "quanto mais, melhor": nós somos criados para acreditar nesse mantra. Ainda assim, uma das nossas maiores distrações para perseguirmos nossos objetivos é nosso acúmulo de bens materiais.

Quem é capaz de ir com entusiasmo atrás de um objetivo desafiador se está comprando constantemente e cuidando de um monte de coisas? Quem consegue investir nas coisas que realmente importam quando se está ocupado demais organizando a garagem? Nós estamos nos afogando em pertences, e muitas vezes nossos sonhos estão afundando junto conosco.

Já faz uma década e meia que falo e escrevo sobre o minimalismo. Depois de todo esse tempo, passei a acreditar que o benefício número um do minimalismo é: ele libera seu dinheiro, seu tempo e sua energia para você ir atrás das suas maiores paixões. Na verdade, eu diria que mudar sua atitude em relação aos bens materiais e assumir o controle dos seus pertences é um *passo necessário* para satisfazer seu potencial. E isso é possível para todos.

Toda vez que alguém me diz: "Eu nunca conseguiria ser minimalista", eu penso comigo mesmo: *Mas você já é.* Porque todo mundo sempre está reduzindo algo. Se não estiver reduzindo seus bens, está diminuindo seu dinheiro, seu tempo e seu potencial.

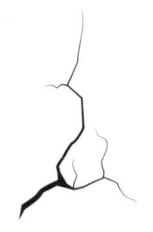

> ## Se não estiver reduzindo seus bens, está diminuindo seu dinheiro, seu tempo e seu potencial.

Então, observe suas coisas. Algumas delas podem na verdade ser *troféus* do seu sucesso. Algumas podem ser *brinquedos* que você pensou que fariam sua vida mais feliz. Porém, se elas não são *ferramentas* para o ajudar a alcançar seus objetivos, talvez seja a hora de começar a se livrar de muitas delas. Pensando melhor, risque esse "talvez".

Projetos de Imortalidade

No Capítulo 3, mencionei o antropólogo Ernest Becker, que disse: "O que o homem realmente teme não é tanto a extinção, mas a extinção *com insignificância*." Becker ainda disse: "A fim de que qualquer coisa viva tenha significado, seus efeitos devem permanecer vivos na eternidade de alguma forma." Ao tentarmos derrotar a morte, viver além da nossa mortalidade e vencer o nosso medo de morrer, nós asseguramos o que Becker chamava de "símbolos da imortalidade" para nós mesmos.[1]

Esses símbolos podem assumir muitas formas, mas Becker escreveu que a maioria das pessoas modernas nas sociedades capitalistas recorre a riquezas e a bens materiais como projetos de imortalidade. "O dinheiro dá poder *agora* — e, por meio de propriedades, terras e juros acumulados, ele dá poder no futuro." Ele alegou que a busca por riquezas e bens materiais é tão comum que "não é de se admirar que a igualdade econômica seja algo além da persistência do homem moderno democrático: a casa, o carro, o saldo bancário são seus símbolos de imortalidade".[2]

Poucas pessoas desejam um mundo com tanta desigualdade econômica como o de hoje em dia, mas isso é o que acontece quando nossos desejos estão nos lugares errados. Quando a busca por bens materiais e propriedades começa a ocupar um lugar central em nossas vidas, nós não apenas ficamos abaixo do nosso potencial, mas também vivenciamos efeitos negativos, tanto pessoais quanto sociais. Algumas pessoas acumulam pouco e querem ter mais. Algumas acumulam muito e se sentem orgulhosas... E também estranhamente insatisfeitas.

Nós buscamos pertences e patrimônios geralmente com um desejo subconsciente de sobreviver para além de nós mesmos. Entretanto, acabamos nos arrependendo disso no fim. Você sabe por quê? Porque há maneiras melhores de sobreviver para além de nós mesmos! Há uma herança que podemos deixar e incutir em outros que é maior do que nossas casas ou do que a marca das roupas que temos. Ninguém vai ficar de pé no seu funeral e dizer: "Ele tinha um sofá realmente caro" ou "Ela tinha um monte de sapatos legais". O mais importante é que nossos legados incluam os exemplos que vivemos, o norte moral que definimos, o caráter que desenvolvemos e o nome que construímos para nós e nossas famílias.

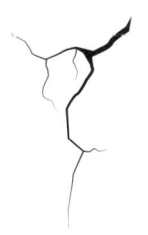

> Que nossos legados incluam os exemplos que vivemos, o norte moral que definimos, o caráter que desenvolvemos e o nome que construímos para nós e nossas famílias.

Se você parar para pensar nisso, já saberá que as coisas que possui não são os melhores símbolos de imortalidade para perseguir. Você deve desejar ser lembrado por ser amável, dedicado e presente. Desejar que sua vida tenha significado por algo importante. E, acredite ou não, a busca e o acúmulo de bens materiais geralmente seguem o caminho contrário dessa busca, visto que naturalmente exigem tempo, dinheiro e foco.

Um exemplo de pessoa que começou a ir atrás de sonhos maiores do que bens materiais para sua vida é Elaine, que está fazendo algo inventivo e generoso com sua casa.

Um Novo Sonho para a Casa dos Sonhos

Aos 60 anos, Elaine estava vivendo em uma bela casa na área rural nos arredores de Birmingham, no Alabama. Ela dividia a casa com a filha de 29 anos, Rebecca, que tinha necessidades especiais severas. O marido de Elaine as havia deixado anos antes. Seus outros filhos estavam crescidos e também tinham se mudado.

Elaine se recordou da época: "Eu estava vivendo em uma casa bonita. Meu marido e eu a havíamos construído nós mesmos. Porém agora ela era apenas um museu do passado. Estava cheia de pertences dos meus falecidos pais, os pertences de um casamento fracassado e as coisas de três filhos crescidos que tinham ido embora. Havia armários cujas portas eu tinha medo de abrir."

Rebecca precisava de cuidados quase constantes, e era Elaine quem os proporcionava. Ela sabia que tinha que simplificar sua vida a fim de aumentar sua capacidade de cuidar de Rebecca. E então começou a remover os bens de sua vida que não eram mais úteis. "Só queria conseguir esticar a mão e rapidamente pegar aquilo que eu precisasse no momento para cuidar da minha filha", ela disse.

Porém seus sonhos rapidamente ficaram maiores do que uma mera reorganização. "À medida que eu envelhecia, comecei a me perguntar como poderia continuar a cuidar de Rebecca. Desobstruir minha casa e começar a ver como possuir menos coisas estava me aperfeiçoando. Comecei a ver um caminho à frente. Eu também comecei a atender às necessidades especiais de outras crianças, jovens adultos e pais na minha comunidade. Enquanto eu limpava as tralhas, passei a realizar eventos em casa — não apenas para as crianças com necessidade especiais, mas também para os pais, que precisavam desesperadamente de descanso."

Ela trouxe alguns animais para viver no terreno e criou espaços em sua casa para arte e música de um jeito que fosse atraente para pessoas com necessidades especiais.

Ela conseguiu voluntários e profissionais para formar uma equipe para festas e eventos e até mesmo ajudou a promover mudanças no modo como a comunidade cuida dos adultos especiais.

Hoje em dia, sua casa está sendo modificada para acomodar as necessidades de jovens mulheres com necessidades especiais. No fim, ela espera que a casa se torne um lar para quatro jovens adultas (uma delas sendo Rebecca), com uma equipe de cuidadores e equipada com espaços criativos para arte, música, natureza e animais.

Elaine fez uma provisão diferente para si: "Estou planejando construir um pequeno chalé nos fundos da propriedade, que vai, no fim, virar minha casa para que eu possa continuar perto da minha filha. Uma casa grande cheia de coisas não é mais o meu maior sonho. Agora estou indo atrás de algo maior com minha vida."

Três Formas como Nossos Pertences Nos Distraem das Coisas que Realmente Importam

Nossas coisas, embora sejam necessárias até certo ponto, depois que passam desse ponto começam a se tornar um impedimento e uma distração de se viver uma vida significativa. Ter muitos bens nos atrasa na busca pelo que interessa para nós. Nos piores casos, isso pode impedir que façamos qualquer progresso mínimo. Que triste é pensar que aquelas roupas que compramos na liquidação ou aquele móvel que encomendamos na IKEA ou os itens supérfluos que compramos na Amazon durante a pandemia da Covid-19 nos impediriam de alcançar nosso potencial máximo.

Enquanto lê sobre estas três formas como nossos bens e pertences podem ser uma distração, pergunte a si mesmo qual delas é o problema maior para você.

1. Prendendo Nosso Dinheiro

Oniomania é o termo técnico do vício em comprar, ou transtorno do comprar compulsivo. É algo que já está entre nós faz um bom tempo, mas sua prevalência foi impulsionada nos últimos anos pelas compras online. Como outros vícios, é uma forma de autotratamento de emoções negativas e da baixa autoestima. Poucos de nós admitiríamos que temos um vício em comprar, ou pelo menos algum vício que se encaixe na definição clínica. Porém não posso deixar de pensar se não estamos todos sofrendo pelo comprar compulsivo mais do que imaginamos, enquanto observo nossos guarda-roupas abarrotados, gavetas cheias demais para nem sequer fechar, e garagens sendo usadas como depósito ao ponto de não conseguirmos estacionar nelas.

Jessica Pishko estava feliz vivendo em Nova York e trabalhando em uma firma de advocacia. Contudo, sua vida começou a ir ladeira abaixo quando ela começou a encher seu pequeno apartamento com coisas que comprava nas lojas de Manhattan. Quando os armários ficaram cheios, ela passou a enfiar as roupas novas (ainda com as etiquetas) embaixo da cama.

Em sua biografia, *In the Red*, ela escreveu sobre quando comprou um casaco de pele de US$2.200, um dinheiro que ela não possuía. Isso revela as tristes compulsões de uma viciada em comprar.

> A vendedora tirou o casaco do manequim e o colocou em mim. Era como se eu estivesse sendo envolvida num abraço caloroso — a pele era incrivelmente macia. A cor era viva e levemente audaz. Olhando no espelho, eu me sentia merecedora, valorizada...
>
> Eu tirei o casaco e o acariciei como faria a um amante.[3]

Pishko arranjou um plano de pagamento com crediário. "Eu levava continuamente meus US$200 para a loja, era meu compromisso constante", disse. "Na época, comecei a pagar meu aluguel com uma semana de atraso, às vezes mais. Pagava meus pais na maioria das vezes. Mas eu sempre dava para o vendedor meus US$200." Finalmente, ela pagou a última parcela. "De volta ao meu apartamento, eu abri a sacola e enterrei meu rosto no pelo macio."[4]

Era uma pena que a pelagem daquele animal morto, que foi mais caro do que ela poderia pagar, era o que Pishko mais valorizava na época. Felizmente, ela começou a ver o quão distorcidas suas prioridades tinham se tornado. Ainda assim, ela passaria por dois empregos perdidos, uma dívida de US$30 mil e uma falência até que pudesse enfrentar os próprios demônios. Ela "finalmente aprendeu que a difícil estrada para a recuperação é mais fácil de se percorrer sem todas aquelas sacolas de compras".

A maioria de nós pode olhar para a história de Jessica Pishko e pensar: *Uau, ela tinha um problema sério*. Contudo, quantos de nós fazemos a mesma coisa, sem sermos tão extremos? Nós nos tornamos apegados emocionalmente aos bens materiais. Compramos coisas de que não precisamos. Compramos mesmo se isso nos afundar ainda mais em dívidas.

Ou lemos a história dela e nos perguntamos: *Quem em sã consciência compraria um casaco de pele em vez de pagar o aluguel?* Deixe eu reformular. *Quem em sã consciência compraria algo de que não precisa quando seu dinheiro poderia ser usado para algo mais importante?* De repente, a história de Jessica se parece um pouco mais com a nossa.

Estamos mais focados em ajudar os outros ou estamos mais focados em consumir para nós mesmos?

É interessante notar que, nos Estados Unidos, a doação de caridade como uma porcentagem do PIB permaneceu constante, em aproximadamente 2%, por décadas.[5] Enquanto isso, o PIB dos EUA cresceu de US\$543 bilhões em 1960 para mais de US\$21 trilhões em 2019.[6] Estamos ficando mais ricos, mas não estamos ficando mais generosos. Para onde todo o dinheiro extra está indo? Estamos gastando conosco. Na verdade, o norte-americano médio agora gasta US\$18 mil por ano com coisas não essenciais.[7]

Pessoalmente, quero destinar meu dinheiro a causas com as quais eu me importo com o mesmo comprometimento e entusiasmo que Jessica Pishko tinha quando pagava a parcela de US\$200 por um casaco de pele do qual ela não precisava. É assim que você vive uma vida da qual você se orgulha no fim.

Porém o dinheiro que gastamos é apenas um aspecto de como os pertences podem nos distrair das coisas que realmente importam.

2. Consumindo Nosso Tempo

John Ruskin, um crítico de arte do século XIX, escreveu: "Cada pertence a mais nos carrega com um novo cansaço."[8] Dois séculos depois, a afirmação é mais verdadeira do que nunca. Cada coisa que você possui requer um pouco da sua atenção e tempo, seja pesquisando, comprando, limpando, organizando, reparando, substituindo, reciclando ou trabalhando apenas para ganhar dinheiro para comprar algo novo para limpar e organizar e substituir aquilo.

 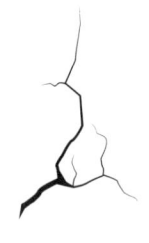

Cada coisa que você possui requer um pouco da sua atenção e tempo.

De acordo com a American Time Use Survey ["Pesquisa de Uso do Tempo dos Norte-Americanos", em tradução livre], o norte-americano comum gasta quase duas horas por dia cuidando de casa, incluindo manutenção, reparo, decoração, jardinagem, lavanderia, limpezas externas e tarefas na cozinha. Homens gastam uma 1 hora e 25 minutos por dia em atividades domésticas, enquanto as mulheres gastam 2 horas e 15 minutos nessas atividades.[9] Não sei você, mas eu gostaria de ter de volta esse tempo para usar em empreitadas mais importantes.

Se você pensa que dispositivos para economizar tempo (como robôs aspiradores de pó, panelas elétricas para cozimento lento e assim por diante) estão no caminho para nos salvar de gastar tanto tempo em nossas casas, não conte com isso. Horas combinadas dedicadas ao cuidado com o lar têm permanecido relativamente constantes desde 1900.[10] Alguns dos equipamentos provavelmente economizam mesmo nosso tempo, mas nosso número crescente de bens não compensa esse ganho.

Observe sua própria casa. Toda essa tralha era dinheiro e tempo. Quanto mais você possui, maior é o fardo que seus bens se tornam em sua vida. E a maioria das pessoas não tem ideia do tamanho do fardo de seus bens até começar a eliminá-los.

Se você quer viver uma vida mais significativa, focada nas coisas que realmente importam, tenha menos coisas. Mas voltaremos a isso em instantes. Porque há uma forma ainda mais significativa pela qual a busca por bens físicos nos distrai. E a maioria das pessoas nunca a considera.

3. Redirecionando Nosso Foco

A terceira forma pela qual nossas propriedades e bens nos distraem dos nossos objetivos de vida não é tão óbvia ou mensurável como dinheiro e tempo. Porém é tão real quanto eles. Na verdade, pode ser o tipo mais sério de distração, por ser o mais sutil. Coisas nos distraem ao desviar nosso foco.

É fácil ver caixas em nossos armários ou em nossos porões e reconhecer que precisamos nos desentulhar delas. Entretanto, quando todos ao redor estão indo atrás de mais e mais bens, isso começa a parecer normal ou esperado, e é mais difícil de perceber como essa busca o está distraindo das coisas que realmente importam. O mundo ao nosso redor sempre vai tentar sequestrar nossas paixões. A Madison Avenue preenche toda superfície desocupada com mensagens sobre como seus produtos mais novos melhorarão nossas vidas. Elas chamam nossa atenção, ganham nossa afeição e, por fim, nossa admiração. E elas estão vencendo... Mais do que gostaríamos de admitir.

Antes de minha esposa e eu virarmos minimalistas, eu poderia gastar uma tarde típica de domingo no sofá olhando propagandas da Best Buy. Tínhamos tudo o que precisávamos e mais. E, ainda assim, por alguma razão eu era compelido a ver o que havia de novo, o que estava na promoção ou o que eu conseguiria comprar. Quando eu digo isso em voz alta hoje em dia, soa tão bobo. *Que jeito idiota de gastar meu precioso tempo — procurando coisas para comprar quando minha casa já estava cheia de coisas que nem estavam sendo usadas.* No entanto, naquela época, parecia tão normal, tão previsível. Todo mundo estava comprando coisas, então certamente esse era o jeito de se viver.

Descobrir o minimalismo mudou isso para mim. Embora minha esposa e eu nunca tenhamos nos descrito como minimalistas extremos, vivendo com uma apenas uma mochila ou em uma minicasa de 18m², nós entramos em uma jornada para manter apenas o que precisávamos para satisfazer nossos maiores propósitos e viver de acordo com nossos valores. E, durante o caminho, começamos a reconhecer as promessas vazias do consumismo e como a constante busca por mais e mais coisas prejudica o nosso potencial máximo.

Hoje, eu prefiro muito mais passar uma tarde de domingo jogando tênis com meus filhos, fazendo trilhas com meus amigos, passando um tempo com meus vizinhos ou até mesmo trabalhando num livro cuja mensagem vai viver além de mim.

Você provavelmente teve um computador que ficou com defeito ou ficou lento porque tinha programas (talvez um malware) sendo executados em segundo plano. Era irritante e fez com que você ficasse ineficiente no trabalho. Da mesma forma, o materialismo — pensar sobre o que comprar, notar o que os outros têm, assistir a programas de TV sobre imóveis e outras aquisições, sonhar acordado com como seria viver naquele condomínio fechado que você passou na frente recentemente — consome energia mental. Perder o foco e distrair-se pode não interferir totalmente na busca de objetivos valiosos, mas, como programas de computador rodando em segundo plano, a falta de foco pode fazer com que você desacelere. Quem precisa disso? A vida é curta.

O minimalismo é um investimento em clareza. Mentalmente, é a diferença entre uma lanterna e um raio laser. As coisas que realmente importam costumam ser desafiadoras. Se vamos dar o nosso melhor nelas, elas requerem tudo que há dentro de nós. Não vamos deixá-la em segundo lugar — ou pior, perder o controle delas completamente — ao deixar nossas mentes se preocuparem demais com coisas como o material da mobília ou o tecido da roupa.

Felizmente, qualquer que seja a forma pela qual nossos bens estejam nos distraindo — seja ao levar nosso dinheiro, consumir nosso tempo ou desviar nosso foco —, a resposta é a mesma: livrar-nos de tudo o que não precisamos e seguirmos nossas vidas com um nível maior de produtividade. Reduzir requer esforço, mas do outro lado desse esforço está a recompensa contínua de uma liberdade maior para alcançar as coisas que queremos.

Menos Compras, Mais Vida

Britt Bruce mora em Ontário, no Canadá, com seu companheiro e um gato estrábico chamado Bacall. Britt recentemente decidiu passar um ano inteiro sem gastar com nada — exceto pagar o aluguel, comprar comida e produtos de higiene pessoal.

Em alguns aspectos, a decisão foi uma resposta a tendências de compra prejudiciais que ela viu aparecendo em sua vida. "Se houvesse algo que fosse um 'bom negócio' e no meu tamanho", ela me contou, "eu provavelmente acabaria comprando, mesmo se eu não adorasse ou precisasse daquilo de verdade. Se estava em promoção, como eu poderia resistir àquilo? Se eu tivesse que descrever meus hábitos de compras online em uma palavra, seria 'irracional'. E eu sabia que algo tinha que mudar."

Porém, em outro aspecto, a proibição autoimposta de comprar coisas foi apenas uma resposta imediata para um gasto inesperado com o reparo de seu carro. "Eu me proibi de comprar coisas para economizar dinheiro. Tinha acabado de gastar uma pequena fortuna no conserto do meu carro, e uma suspensão de compras e gastos parecia que seria o jeito mais fácil de colocar minhas finanças nos trilhos de novo."

Uma decisão temporária, impulsionada por uma crise financeira, rendeu resultados que mudaram a vida dela.

A primeira vez que falei com Britt foi seis meses depois que ela havia começado seu experimento autoimposto e perguntei como ela estava se saindo. A primeira coisa que ela me disse foi que era mais fácil do que havia pensado. "Não deveria ser difícil ou controverso que uma pessoa passasse seis meses sem comprar nada novo. Talvez isso soe radical porque nós estamos condicionados a acreditar que precisamos de 'tralhas' novas o tempo todo. Contudo, na verdade, sabemos que esse não é o caso. É apenas um marketing inteligente para nos convencer de que precisamos de muitas coisas."

Outra coisa que Britt logo constatou foi o quão rapidamente a suspensão de compras lhe despertou gratidão. "Por eu ter eliminado a opção de ir comprar coisas para preencher um vazio em minha vida, comecei de fato a perceber todas as coisas boas que eu já tinha. Nunca senti como se não tivesse exatamente o que eu precisava ou que não conseguiria dar um jeito com o que eu tinha."

No final do ano, Britt estava aprendendo ainda mais sobre si mesma.

"Aprendi o quanto minha vida estava sendo ditada pelo consumismo — o desejo de comprar uma coisa porque era algo novo e brilhante, ou porque meus amigos estavam comprando, ou às vezes só porque estava em promoção. Eu me tornei muito mais consciente do meu comportamento na hora de ir às compras. Apenas compro alguma coisa quando realmente preciso dela. E meu processo de fazer compras hoje em dia é mais intencional, e até considero um item por quanto tempo for possível antes de colocá-lo no meu carrinho."

Mais do que isso, como você provavelmente pode imaginar, a recém--descoberta margem de tempo e dinheiro tem permitido que Britt vá atrás de novas expressões criativas, o que ela não tinha tempo para fazer antes. "Eu sempre apreciei pegar algo que não esteja em seu potencial máximo e dar uma repaginada — sejam roupas, arte, aparelhos eletrônicos ou coisas relacionadas à jardinagem. Amo ver coisas desse mundo florescerem, e suspender as compras reacendeu essa paixão dentro de mim."

Você pode se imaginar no lugar de Britt? Mesmo se você não suspender suas compras por um ano, é fácil observar como eliminar a busca por bens físicos começa a nos ensinar sobre nós mesmos e sobre nossas maiores oportunidades no mundo.

A Fórmula para Contentamento com o que Você Possui

Uma boa parte do aprendizado para perseguir seus objetivos de vida se resume a expandir sua visão.

Apenas imagine como a vida seria se você estivesse contente com o que tem. E se você não ficasse rolando a página da Amazon, vendo as promoções em lojas de departamento, querendo uma casa maior ou renovando suas roupas e outras coisas frequentemente? E se você direcionasse essa paixão para o que realmente importa?

A chave para superar a paixão por pertences, especialmente numa cultura que normaliza essa busca de tal forma, é o contentamento. Há uma liberdade inconfundível que acompanha o contentamento: uma liberdade de ser quem você é, apreciar quem você é, e viver a vida que você foi destinado a viver. Também existem benefícios para a saúde que são trazidos pelo contentamento. Por exemplo, ele reduz seu nível de estresse, melhora sua perspectiva, relaxa seu corpo e faz com que sua vida seja mais agradável.[11] Traz tudo de bom e bênçãos maravilhosas.

O modo muito comum de se viver que é o de possuir bens demais é uma selva densa que diminui sua visão e desacelera seus movimentos. Uma vida de contentamento com uma existência material simples é um jardim onde todos os tipos de atividades significativas podem crescer e florescer.

Contudo, como alcançamos o contentamento? Nós precisamos decifrar isso. Afinal de contas, eu não conheço uma única pessoa que não o deseje. Ele só é bem esquivo.

Deixe-me oferecer uma abordagem alternativa para descobrir essa bênção incrível. O jeito mais rápido de se encontrar contentamento é começar a viver com menos.

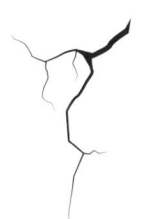
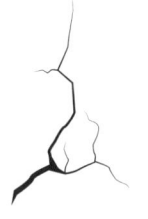

> ## O jeito mais rápido de se encontrar contentamento é começar a viver com menos.

Muitas pessoas acham que a abordagem contrária é a fórmula certa — quando eu quiser menos, vou achar mais fácil ter menos. Porém, para mim e para as inúmeras outras pessoas a quem aconselhei nessa busca, o lugar certo para começar é se livrar dos excessos de bens. Quando fizer isso, você *saberá* de quão pouco precisa para viver de maneira feliz e produtiva, e então o desejo por comprar e possuir naturalmente desaparecerá.

Primeiro tenha menos coisas, então você vai

querer menos coisas.

Experimente. Acho que você descobrirá como encontrar contentamento, como escapar das garras do consumismo e como se libertar a fim de criar um histórico de conquistas úteis em vez de uma casa cheia de bens materiais.

A Pergunta que Você Deveria Estar Fazendo sobre Seus Bens

Uma especialista em arrumação propôs uma pergunta que ficou famosa, para decidirmos se devemos ou não manter um bem pessoal: "Isso traz alegria?"

Tenho visto como essa abordagem tem provocado esforços de desapego significativos, e sou grato a Marie Kondo por isso. Ainda assim, acredito que a pergunta "Isso traz alegria?" pode não ser tão mágica como parece e pode de fato tirar o potencial máximo da arrumação. "Trazer alegria" tem a ver com os sentimentos que as coisas trazem. Parece aceitar que colocaremos nossa felicidade acima de tudo e que nossos bens ajudarão a trazê-la. Além disso, muitas coisas que compramos para nossa casa, em um momento ou outro, "trouxeram alegria". É por isso que nós as compramos e resistimos na hora de nos desfazer delas.

Então deixe eu propor uma pergunta alternativa para fazermos a nós mesmos quando estivermos tomando a decisão sobre manter ou eliminar qualquer item que possuímos. Em vez de perguntar: "Isso traz alegria?", vamos perguntar: "Isso serve a algum propósito?"

O item para o qual você está olhando, de alguma forma, é uma ferramenta que contribui para sua busca pelas coisas que realmente lhe importam? Por exemplo, quando olha para o guarda-roupa abarrotado, ter todas essas roupas o ajuda a cumprir seu propósito? Isso o atrasa pela manhã e o faz se sentir sobrecarregado quando pensa nelas? Roupas simples em um closet eficiente provavelmente o prep.arariam melhor para um dia de conquistas?

Se você for um colecionador de livros, quantos dos que estão na sua estante você vai ler novamente? Pode ser que os esteja mantendo por razões decorativas ou sentimentais, em vez de razões práticas? E se ter menos livros fosse um passo na direção de criar um escritório em casa que seria melhor para estimular seu trabalho em projetos-chave?

E todas aquelas caixas na garagem? Elas estão ajudando-o a guardar seu carro de maneira eficiente e segura? Ou elas o lembram da bagunça e das complicações em sua vida, toda vez que você volta para casa?

Sua casa é um dos lugares mais importantes na Terra para você, e ela serve a um propósito importante em sua vida. Seu lar — seja ele de 185m² em seis hectares de terra, de 74m² em um prédio ou de 18m² sobre rodas — deveria ser um ambiente que lhe oferece uma oportunidade de descansar, relaxar e recarregar suas energias. Porém ele também deve servir como base de lançamento para seu serviço para com o mundo à sua volta. Os bens que você possui em casa servem a esse propósito? Ou sua casa ficou tão lotada que você está vivendo como um mero administrador de coisas, em vez de viver como um ser humano com objetivos, sonhos, paixões e propósitos?

A menos que os seus maiores propósitos na vida exijam que você fique viajando pelo mundo ou viva em trânsito, você vai precisar de *alguns* pertences, como *alguns* móveis, *alguns* utensílios de cozinha, *algumas* roupas. Para manter uma conexão com o passado, nós precisamos de *algumas* recordações e fotos. E como somos criaturas inspiradas e enobrecidas pela beleza, nós precisamos de *um pouco* de arte e outras coisas bonitas ao nosso redor.

Essas são necessidades da vida, e se você vai cumprir seus propósitos, suas necessidades precisam ser supridas. Então é importante perceber que possuir menos coisas não é não ter nada. É ter as coisas certas — e a quantidade certa delas.

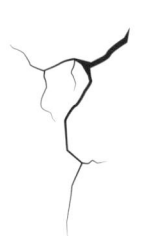 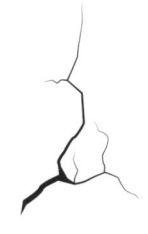

Possuir menos coisas não é não ter nada. É ter as coisas certas — e a quantidade certa delas.

Você pode até mesmo precisar comprar coisas diferentes ou melhores à medida que seus propósitos forem mudando. Por exemplo, quando decidi virar escritor, precisei de novas ferramentas para fazer isso. Escolhi comprar equipamentos de informática de alta qualidade. Essa tecnologia era uma ferramenta essencial para meu novo propósito; eu não poderia nem ignorá-la nem economizar nela. Contudo, eu *pude* comprá-la porque economizei dinheiro ao me livrar de várias outras coisas que estavam pesando.

Ainda assim, minha observação é que, para pessoas vivendo no Ocidente e em nações desenvolvidas, praticamente todos nós deveríamos nos concentrar atentamente em nos livrar das coisas. Nós temos mais do que precisamos, e isso está nos distraindo do nosso potencial. Então vamos doar, reciclar ou jogar no lixo. Diz-se que a casa de um norte-americano comum contém 300 mil itens.[12] O quanto você pode diminuir esse número na sua casa?

Se quiser uma ajuda mais detalhada em como possuir menos, pode ler o meu livro *A Casa Minimalista: Guia Prático para uma Vida Livre de Excessos Materiais e com Novo Propósito*. Porém, por ora, a pergunta-chave de desapego para manter em mente é: *Essas coisas servem a meu propósito?*

Há uma grande diferença entre arrumar sua casa e liberar sua vida. Em vez de apenas acender um pouco de alegria dentro de você, acenda uma fogueira para o mundo.

Como Possuir Menos Começa a Nos Mudar

Bonnie Balgeman é uma terapeuta respiratória de 38 anos que vive no centro-sul de Montana. Ela também é mãe de dois filhos que estão no ensino fundamental e ajuda a administrar o rancho da família com o marido. Não é necessário dizer que ela é uma mãe ocupada. Contudo, vivendo com dois meninos em um rancho em Montana, ela gosta de dizer que está aproveitando a temporada — e não está falando apenas da temporada de parição.

Dois anos atrás, talvez ela não dissesse a mesma coisa. Alguns anos antes, ela e o marido se mudaram para a casa dos avós dela depois que eles faleceram, para tomar conta do rancho. "Nós nos mudamos para uma casa pequena, e tudo o que eles possuíam ainda estava lá, e nós acrescentamos as nossas próprias coisas", disse Bonnie. "Na época, tínhamos duas rendas saudáveis e nenhum filho, e eu era uma consumidora. Não é preciso dizer que as coisas se acumularam numa montanha enorme. E quando nossos garotos nasceram, nós apenas continuamos comprando mais e mais."

Até que, no silêncio de uma manhã, ela teve a epifania de que algo tinha que mudar na casa e na sua vida. "Eu estava gastando todo o meu tempo gerenciando o inventário da nossa casa. Eu mal conseguia dar conta das atividades diárias de cuidar de uma casa com quatro pessoas, muito menos dar conta de todo o resto que havia ali dentro. Era como se estivéssemos empilhando uma coisa em cima da outra, apenas para depois ter que mudar as pilhas de um lado para outro para fazer uma limpeza. Eu não tinha tempo nem mesmo para apenas curtir um momento com minha família. Então comecei a desentulhar e eliminar os pertences que não estavam ajudando minha família a alcançar seus objetivos."

Ela desbravou as áreas comuns da casa em aproximadamente um mês, embora ela afirme que o processo de ajustar e selecionar seus pertences continue até hoje, dois anos depois.

Quando Bonnie começou a desobstruir sua casa, uma constatação importante apareceu em seus pensamentos: "Comecei a perceber todas as coisas que estávamos desentulhando e todo o dinheiro que havia sido gasto nelas. Enquanto colocava as coisas em pilhas para doação, eu conseguia me relembrar vividamente de quando havia comprado o item. Via a mim mesma no caixa pagando a quantia de cada objeto. Toda vez, eu racionalizava a compra: 'Isso vai trazer uma melhoria para minha casa e para a vida da minha família.' E agora aqui estou eu, anos depois, e nós nem mesmo chegamos a usar o objeto. Eram apenas coisas atrapalhando o tempo e a energia que eu queria estar gastando com meus filhos."

Rapidamente, quase sem qualquer aviso, o processo começou a mudar a visão de Bonnie sobre compras no geral. "Eu não precisava de mais coisas para aproveitar a vida", ela disse. "Eu precisava de menos. Não luto mais contra o consumismo da mesma forma que costumava. Porém, quando isso acontece, penso em todas as coisas que descartei, todo o dinheiro que gastei, todo o tempo que desperdicei, e toda a energia que empenhei apenas gerenciando uma lista de coisas. E me pergunto: *Isso é realmente algo que quero monitorar pelo resto da minha vida?*"

Perguntei a ela como se desfazer de seus pertences a mudou. Ela disse: "Vivo cada dia focando as coisas que são importantes para mim. Por que eu voltaria a gerenciar coisas que não importam?"

É assim que *possuir* menos coisas leva a *querer* menos coisas. É assim que o ato de nos desfazer dos nossos bens desnecessários nos tira do mundo de consumo excessivo que vemos ao nosso redor. E esse é um dos motivos pelo qual eu sou tão entusiasmado sobre o minimalismo e em ajudar as pessoas a vivenciar os benefícios dele. Uma vez que enxerguemos as vantagens de se possuir menos, isso passa a ser um pequeno passo para experimentar o contentamento com nossos pertences.

Como disse o filósofo Alain de Botton, Jean-Jacques Rousseau acreditava que "há duas formas de fazer um homem ficar mais rico (...): dê a ele mais dinheiro ou limite seus desejos".[13] Em minha experiência, o jeito mais fácil de limitar nossos desejos é vivenciar e apreciar a alegria de se viver com menos coisas.

Aqueles como Bonnie, que escolhem viver com menos bens, vivenciam um benefício duplo.

Primeiro, possuir menos libera dinheiro, tempo, energia e foco para as coisas que mais importam. As pessoas vivem com menos estresse, menos distração, e menos impacto no meio ambiente, e elas se tornam exemplos melhores para os filhos e a família. E segundo, aqueles que escolhem possuir menos coisas descobrem rapidamente o contentamento e eliminam a busca por bens de suas vidas. Essa é minha história, e pode ser a sua também.

Quando você experimenta esses benefícios por si mesmo, é mais fácil decifrar as mentiras e as promessas artificiais de um mundo materialista.

Possuir menos coisas leva a um contentamento maior. E um contentamento maior leva à liberdade para ir atrás do que realmente importa.

8

Popular
Superando a Distração da Aclamação

Eu acho que todo mundo deveria ficar rico e famoso e fazer tudo aquilo que eles sempre sonharam para que possam ver que isso não é a solução.

— JIM CARREY

O blog *Becoming Minimalist* me fez pensar mais do que jamais pensei sobre meus valores mais profundos e meus maiores objetivos na vida. Por exemplo, ao liberar nossas finanças familiares, o minimalismo me fez pensar sobre o que eu realmente queria fazer com o meu dinheiro. Decidi que não queria que nem dinheiro nem pertences me distraíssem das coisas que realmente importavam para mim. E de fato, na minha própria vida, de uma forma ou de outra, tive que enfrentar *todas* as outras distrações abordadas neste livro. Porém, neste capítulo, chegamos à distração mais grave para mim pessoalmente. Veja, com o passar dos anos, eu me importo cada vez menos com dinheiro e posses... Mas a sedução dos elogios dos outros por causa das minhas conquistas sempre me pega.

Deixe-me contar a você sobre quando eu percebi que o amor pela atenção era um empecilho para mim, atrapalhando o que eu queria conquistar. Fico com vergonha dessa história, mas vou contá-la porque você pode se conectar a ela de alguma forma. Aconteceu no início de 2014, ao longo de várias semanas.

Aquela época foi um ponto alto para mim de diferentes maneiras. No dia 18 de janeiro, meu livro *Clutterfree with Kids* foi lançado e passou duas semanas como o livro de paternidade número um na Amazon (sem nenhum truque de manipulação de algoritmos). Entretanto, isso não foi tudo. No mesmo dia em que meu livro foi lançado, a página do Facebook do *Becoming Minimalist* atingiu a marca de 100 mil fãs — um marco bem importante. O site do *Becoming Minimalist* já havia alcançado a marca de 1 milhão de visitantes por mês e continuava crescendo.

Fazia seis anos que eu havia começado o meu blog e três meses desde que eu havia mudado de carreira para incentivar o minimalismo, e eu acreditava que tinha chegado lá. Parecia que eu estava no topo do mundo.

Aproveitei a sensação por umas duas semanas.

A diversão chegou ao fim quando eu estava sentado na minha mesa de jantar e trabalhando um pouco no meu notebook. Comecei a notar um certo falatório nas redes sociais. Joshua Fields Millburn e Ryan Nicodemus, autodenominados como os Minimalists, tinham sido destaque em um artigo na página inicial do Yahoo. Por volta da mesma época que eu havia publicado o *Clutterfree*, eles haviam lançado um livro chamado *Tudo o Que Importa*, e ele também havia se saído bem nas vendas. A equipe do Yahoo News decidiu apresentá-los em um artigo sobre minimalismo, e as pessoas do meu círculo das redes sociais estavam os parabenizando e elogiando.

Eu conhecia e gostava dos Minimalists. Nós estávamos trabalhando com o mesmo objetivo — ajudar as pessoas a viverem vidas melhores possuindo menos coisas. Deveria estar feliz por eles. Porém eu não estava.

A verdade é que eu estava com inveja. Eu pensei: *Deveria ser eu ganhando toda essa atenção.*

A queda do topo do mundo é longa e desestabilizadora.

Por exemplo, o sentimento não era apenas em relação a Joshua e Ryan. Mais tarde, na mesma semana, percebi que a página do Facebook de outro autor estava crescendo mais rápido do que a minha. E então uma publicação de um outro blogueiro estava viralizando. Para piorar as coisas, meu livro não estava mais no topo de nenhuma das listas de mais vendidos. Na verdade, havia diversos outros livros sobre paternidade vendendo mais do que o meu. Eu comecei a me arrepender de não ter colocado no meu livro o título *The 5 Love Languages to Expect When You're Expecting* [sem tradução até o momeno].

Em vez de celebrar uma das melhores épocas da minha vida, eu tinha me tornado mesquinho e estava com inveja das pessoas ao meu redor. Queria poder dizer que isso era apenas uma inveja superficial que desapareceu pela manhã, mas ela estava enraizada profundamente no meu coração e eu não conseguia me livrar dela, não importa o quanto eu tentasse.

Felizmente, algumas semanas depois, estive em uma conferência em San Diego e assisti à autora popular Anne Lamott. Na hora das perguntas, alguém se levantou na plateia e disse: "O que eu faço quando receber comentários negativos sobre os meus livros?"

Lamott disse (eu vou parafrasear aqui): "Se está esperando achar seu valor próprio nas opiniões de outras pessoas, nunca vai encontrá-lo."

A afirmação dela chamou minha atenção imediatamente. Pensei sobre as semanas anteriores e de repente percebi que isso era exatamente o que eu tinha feito. Eu tinha baseado meu valor próprio e minha felicidade nos elogios que recebia dos outros. E quando eles começaram a se dirigir para outro lugar, minha opinião sobre a vida que eu estava tentando viver também o fez.

Encontrar o próprio valor no reconhecimento e na aprovação dos outros é sempre uma busca tola. Ela impacta negativamente as decisões que tomamos e as vidas que escolhemos viver. Além disso, a aclamação nunca satisfaz completamente nossos corações e almas. Mesmo aqueles que alcançaram o auge da fama e do prestígio na nossa sociedade anseiam por mais do mesmo. Como diz o ditado, você nunca se cansa de algo de que não precisa para lhe fazer feliz. Nosso objetivo não é garantir a aprovação alheia.

Isso é algo vazio e fugaz. Nosso objetivo é viver a única vida que recebemos no seu potencial máximo — seja com alguém nos elogiando por isso ou não.

O Doce Perfume do Aplauso

Elogio é complicado. Pode ser motivador, e você pode usá-lo para seu benefício, mas também pode fazer você perder o foco. A fim de ficar sempre recebendo aplausos, você pode tomar decisões que o desviam de um caminho melhor. Elogios podem facilmente se tornar uma das razões pelas quais chegamos no fim de nossas vidas nos arrependendo de nunca termos conquistado as coisas que mais importam para nós.

Agora, é claro, nem todo mundo está na mesma posição quando o assunto é a distração da aclamação. Alguns têm papéis na sociedade nos quais naturalmente recebem mais atenção do que outros. Alguns de nós são temperamentalmente mais suscetíveis a deixar os elogios subirem à cabeça (eu tenho que levantar minha mão aqui). Outros têm objetivos de vida que se beneficiam de muito reconhecimento do público; outros não. Entretanto, todos precisamos ser cuidadosos. O som dos aplausos é doce e viciante — e nós queremos cada vez mais.

Meu avô costumava dizer: "Elogios são como perfume. Cheire, mas não beba." Talvez você esteja recebendo muitos (ou *desejando* receber) elogios pelo que você está fazendo na busca dos seus objetivos de vida. Então, tome cuidado. É muito fácil para a aclamação substituir suas metas.

Ou talvez seja apenas a procura por elogios em geral que lhe esteja causando problemas. Uma das razões pelas quais as pessoas não se mobilizam para ir atrás das coisas e das pessoas que importam é porque estão gastando tempo demais tentando impressionar o chefe ou ficando furiosas com quão pouco são notadas, ou ainda fazendo dancinhas de TikTok que elas esperam que viralizem.

Se você se importa com perseguir e realizar seus objetivos de vida acima de todas as ocupações menores, você precisa lidar com a distração da aclamação. E a resposta para muita aclamação é... ainda mais aclamação. Mas não para você. Vou explicar o que quero dizer com isso em breve.

O objetivo é fazer com que a aclamação sirva aos seus propósitos, não que ela os comprometa.

O Apelo da Fama

Você ouviu a expressão *fama e fortuna.* Já pensou no fato de que a fama vem primeiro na frase? Será que os seres humanos, pelo menos muitos de nós, somos guiados ainda mais pelo desejo de sermos conhecidos e aprovados do que somos pelo desejo por riqueza?

Um estudo de pesquisa social investigou os objetivos dos adolescentes. O maior objetivo de todos? Fama, apenas por ser famoso.[1] Talvez isso não seja surpreendente, considerando que essa é uma geração criada na era das estrelas amadoras do YouTube, cantores pop com dezenas de milhões de seguidores no Twitter, e influenciadores que viajam o mundo de primeira classe apenas porque saem bem nas selfies.

Entretanto, não vamos pegar no pé de nossas crianças. Nós, adultos, temos o desejo de ser famosos também. De acordo com Orville Gilbert Brim, um psicólogo social e autor de *Look at Me! The Fame Motive from Childhood to Death,* aproximadamente 30% dos participantes de uma pesquisa em Beijing e na Alemanha — e mais da metade nos Estados Unidos — alegam que sonham acordados em serem famosos. Nesses três lugares, entre 30% e 50% esperam genuinamente adquirir algum tipo de fama em sua vida, mesmo que apenas pelos proverbiais quinze minutos.[2]

Entre os adultos, o desejo pela fama é geralmente misturado com um entendimento melhor de que ela tem pontos negativos. E a esperança pela fama, ou pelo menos a expectativa dela, tende a ter um declínio à medida que envelhecemos. Ainda assim, a atração de ter todos os olhares voltados para nós é poderosa para muita gente.

Qual é o apelo por trás da fama?

Uma pesquisa realizada pela psicóloga Dara Greenwood e seus colegas diz que o motivo número um que as pessoas dão para querer ser famosas é *"o desejo de ser visto/valorizado* (por exemplo: 'Estar na capa de uma revista,' 'Ser reconhecido em público')."[3] Como o repórter científico Benedict Carey colocou em um artigo sobre o assunto: "As pessoas com um desejo predominante de serem muito conhecidas para estranhos são diferentes daquelas que cobiçam principalmente fortuna e influência.

O comportamento de buscar fama aparece enraizado em um desejo de aceitação social, um anseio pela garantia existencial prometida por amplo renome."[4] Aparentemente há muita carência emocional por aí. (Mas, ei, quem sou eu para dizer isso?)

Espero que você já saiba disso, mas deixe-me dizer: você não precisa de elogios ou atenção para ter valor. Você já tem valor apenas por você ser você. Porém eu entendo — é difícil não desejar a atenção.

Você não precisa de elogios ou atenção para ter valor.

O desejo por aclamação provavelmente sempre esteve presente na raça humana. A diferença é que hoje a mídia fez com que a fama, ou algo que lembre fama, seja aparentemente possível para qualquer pessoa. Todo mundo pode soltar textos, fotos, músicas ou vídeos por aí onde teoricamente qualquer pessoa no mundo pode consumir. Múltiplas plataformas estão disponíveis para vermos a atenção de quantas pessoas conseguimos cativar com nossos pontos de vista ou autoexpressão. E, de fato, muitas pessoas comuns têm fotos ou vídeos viralizando quase que por acidente.

Tenho uma notícia para você. Apenas aproximadamente 0,0086% da população mundial é famosa de verdade.[5] E está tudo bem. A fama não é tão boa quanto parece.

Claro, *um pouco* de aclamação é algo bom. *Um pouco* de aclamação é bem merecida. *Alguns* prêmios vão para as pessoas que merecem reconhecimento. Se você for um líder, você não pode ter influência com seu dom a menos que você tenha *alguns* seguidores.

Mas o que a aclamação está fazendo com você? Ou se você não está tendo muita aclamação e está amargurado com isso, o que seu *desejo* por aclamação está fazendo com você?

O problema é que, quando vivemos pelos aplausos dos outros — seja em larga ou pequena escala —, começamos a fazer sacrifícios, e eles não são do tipo saudável. Nós sacrificamos nosso propósito, nossos valores ou nosso foco.

Na verdade, será que seu desejo por fama pode ter influenciado sua escolha de objetivos de vida em primeiro lugar? Talvez essa seja uma chance de revisá-los. Talvez você precise estar disposto a fazer coisas na vida que nunca vão atrair muita atenção.

Seja a aclamação que você está recebendo relacionada aos seus grandes objetivos de vida ou a alguma outra coisa, ela pode distrai-lo das buscas que você escolheu. Então aqui vai a solução:

Permita-se ser menor e que os outros

sejam maiores.

A Fama *versus* o Sonho

Uma moradora de Lagos, na Nigéria, Oluebube Princess Egbuna era uma jovem mulher que tinha o sonho de ser uma engenheira de software. No começo da carreira, no entanto, ela ficou tão bem conhecida na área que os outros começaram a procurá-la por sua liderança e experiência. Havia apenas um problema: ela não tinha avançado muito nas habilidades de engenharia de software.

Olhando para atrás, Egbuna vê claramente o que levou à inconsistência. Ela estava ficando famosa dentro da comunidade de tecnologia como uma engenheira de software, mas ela não estava praticando de verdade a engenharia de software na época. Ela estava defendendo a inclusão e diversidade na área da tecnologia. Isso estava fazendo com que ela ficasse bem conhecida.

Ela começou a se sentir como uma fraude quando os outros assumiam que ela era uma engenheira de software habilidosa e faziam perguntas sobre a área. Ela tinha que pedir que eles esperassem para pesquisar as respostas no Google.

> À medida que ficava mais famosa, eu me deixei levar e esqueci completamente meu sonho de ser muito boa na engenharia de software. Eu estava ocupada ajudando outras pessoas, tentando proteger minha imagem como uma suposta engenheira de software e mentora em tecnologia. Também estava ensinando coisas que eu não praticava na realidade...
>
> Eu estava simplesmente distraída pela fama![6]

Levou um tempo, mas finalmente Egbuna identificou o problema e fez algo a respeito. Ela estava orgulhosa de ser uma defensora da diversidade, mas isso a estava impedindo de alcançar o que realmente lhe traria plenitude e que permitiria que ela fizesse uma contribuição única.

> Muito tempo depois, eu me encontrei e decidi limpar os efeitos da fama e abraçar o que eu verdadeiramente queria fazer. Foi uma jornada e tanto!
>
> Meu "final feliz" é ser uma engenheira de software de verdade (o que eu realmente queria ser) e também voltar a fazer parte das comunidades com as quais eu me importava de verdade sem ter distrações com a fama.[7]

Quanto mais cedo reconhecermos os riscos dos elogios e da aprovação dos outros, menos danos serão causados.

Edificando os Jovens

Voltando para quando eu morava na Nova Inglaterra, eu tinha um amigo que desde muito tempo aprendera a importância de fazer o que importa, independentemente de isso trazer atenção pública ou não. Jacob King, um ex-jogador de basquete e de rúgbi, agora é um pai de três crianças em Syracuse, Nova York, e um desenvolvedor imobiliário internacional. Porém eu o conheci de uma maneira diferente — ele era um mentor para adolescentes em situação de risco e era o fundador de uma ONG que apoiava vítimas de violência doméstica.

Jacob cresceu em Massachusetts em uma casa instável, mas venceu os obstáculos e tornou-se um homem de negócios muito bem-sucedido em alguns dos países mais poderosos do mundo.

"Passei mais do que algumas noites no ensino médio sem ter onde ficar", recorda Jacob. "Quase não me formei, na verdade. Felizmente, havia alguns professores e orientadores que edificaram minha vida. Um deles ensinava Estudos Soviéticos no meu ensino médio. Ele investiu em mim, me colocou em sua aula e fiquei imediatamente cativado! Eu achava o assunto fascinante. Quando fui para faculdade, me formei em História com especialização em Estudos Soviéticos — e acabei estudando russo na Universidade Columbia — indo e voltando da União Soviética rotineiramente."

Depois de se formar na faculdade, Jacob se tornou um investidor e desenvolvedor imobiliário, trabalhando na maior parte do tempo em edifícios comerciais, edifícios médicos e apartamentos ao redor de Boston e por toda Nova Inglaterra.

Enquanto seu sucesso no ramo imobiliário em casa crescia, a União Soviética começava a entrar em colapso. Entre o começo e o meio da década de 1990, a Rússia se tornou um importante mercado imobiliário emergente.

"Com a minha educação, experiência e reputação, foi um passo natural", Jacob me contou. "Havia uma grande demanda de espaços comerciais, condomínios e apartamentos no estilo ocidental. Investidores de todo o mundo começaram a entrar no mercado, e tanto minha experiência quanto minhas habilidades com o idioma eram coisas atrativas para eles. Então virei um consultor para investidores comerciais peso-pesado e até mesmo considerei me mudar com minha família para Moscou. Histórias de sucesso e uma boa reputação estavam sendo adicionadas ao meu portfólio tão rápido quanto os metros quadrados."

Isso foi até Jacob ter uma conversa com um amigo em sua cidade chamado Fred Walker. Jacob estava discutindo suas histórias de sucesso e se abrindo sobre alguns projetos fracassados. Fred disse: "Sabe de uma coisa, Jacob, a vida é mais do que acumular tijolos, argamassa e reputação."

Jacob percebeu imediatamente que ele estava certo. Havia coisas importantes que Jacob poderia alcançar com sua vida bem no lugar onde estava.

Oito Coisas pelas Quais Ficar Famoso

Todos nós seremos lembrados por algo, então podemos muito bem almejar sermos conhecidos por todas as razões certas. Que tal estas a seguir?

1. *Bondade.* Tenho um bom amigo que apresentei a um vizinho. Pouco tempo depois de se conhecerem, meu vizinho me disse: "Bob deve ser o homem mais bondoso que já conheci em minha vida inteira." Que elogio incrível! Bondade — isso, sim, é algo pelo qual quero ser famoso.

2. *Perseverança.* Em algum ponto, todo mundo leva uma rasteira da vida. Reerguer-se e continuar persistente diante das adversidades — aqui está outra coisa pela qual vale a pena ser famoso.

3. *Lealdade.* Ser famoso no fim da minha vida por ser leal à minha esposa, aos meus filhos e às minhas obrigações está entre as buscas mais sublimes. Eu posso ser famoso por muitas coisas, mas trocaria todas elas para manter essa reputação.

4. *Empatia.* Empatia é a habilidade de entender e compartilhar os sentimentos alheios. E ser conhecido por isso estabelece as bases para inúmeras boas ações na vida de outras pessoas — tanto na vida de indivíduos como na sociedade como um todo.

5. *Alegria.* Se você é conhecido como a pessoa que ilumina o seu redor e espalha alegria genuína por onde quer que vá, você alcançou um nível importante de fama.

6. *Alguém que incentiva.* Um encorajador, por padrão, torce pela outra pessoa. Encorajadores não estão interessados em vencer a qualquer custo. Muito pelo contrário — eles querem que todo mundo ganhe e trabalham para isso. Como resultado, eles são amados por muitos.

7. *Um Pacificador.* Se tem algo que precisamos no mundo hoje, é de mais pacificadores. Que você seja abençoado caso se torne um.

8. *Alguém Amoroso.* Como diz o ditado: "O maior deles, porém, é o amor."[8] Fique famoso por amar os outros e nunca vai se arrepender.

A filha dele foi diagnosticada com diabetes tipo 1 alguns anos antes, e ele e a esposa acolheram um garoto, Brian, que também tinha esse diagnóstico.

Jacob disse: "Então eu imediatamente me envolvi em ajudar famílias e crianças com diabetes tipo 1 na minha comunidade e na minha região. E falei com uma ONG local para orientar jovens rapazes em situação de risco. Minha vida foi transformada com o investimento de outras pessoas, e eu queria fazer o mesmo. Sabia que minhas experiências de vida poderiam ajudar a proporcionar uma nova perspectiva para alguém que estivesse passando por algo similar."

Jacob é um dos homens mais generosos que eu conheço. Testemunhei seu impacto nos jovens da comunidade, vi o apoio que ele oferece às famílias que estão lidando com as consequências de abusos, e eu pessoalmente me tornei o homem que sou hoje em parte por causa do nosso relacionamento e das nossas conversas.

Como eu gosto de lhe dizer, ele passou de edificar arranha-céus em Moscou para edificar as vidas de outras pessoas. E não foi em prol da sua reputação ou fama. Na verdade, antes de ler essa história, você provavelmente nunca ouvira falar dele. Porém há inúmeras vidas tocadas pela vida que ele escolheu viver.

Virando o Holofote

Fiz faculdade com um rapaz chamado Chris Saub. Ele era um músico talentoso (e ainda é), e poderia ter ficado obcecado pelo tanto de pessoas que admiravam seu talento artístico. Mas esse não era o jeito dele. Ou, visto que o ramo da música é altamente competitivo, ele poderia ter focado em si mesmo em relação à fama e a elogios, mas era muito diferente disso.

O que mais me impressionava sobre Chris era como ele era encorajador com as outras pessoas. Se outro aluno conseguisse um emprego, eu juro que Chris ficaria mais animado do que o aluno recém-empregado. "Tá brincando, isso é ótimo! Parabéns! Eu estou tão feliz por você. Você merece e tenho certeza de que vai se dar bem. Uau! Isso é incrível."

Ou se um colega músico conseguisse fechar um contrato de gravação, Chris não agia da forma como eu agi quando os Minimalists estavam recebendo mais atenção do público do que eu. Ele ficava muito feliz pelo outro músico. "Isso é magnífico! Bom para você. Vai ser ótimo para sua carreira! Mal posso esperar para a gravação sair. Vou contar para todo mundo sobre isso."

Uma vez perguntei para Chris por que ele ficava tão animado pelo sucesso dos outros. Nunca vou esquecer o conselho que ele me deu: "A glória de outra pessoa não pode impedir a sua. E vice-versa."

Ele continuou: "A vida não é uma dança das cadeiras em que você tem que ser o primeiro a sentar para aproveitar o prêmio. Há cadeiras suficientes para todo mundo. Quando vejo alguém tendo sucesso, fico feliz. É animador ver alguém dar um passo para alcançar uma meta na vida. Isso me inspira a fazer o mesmo."

Voltando à faculdade, eu já estava lutando com meu desejo de elogios e meus ciúmes direcionados a pessoas que pareciam estar tendo mais sucesso do que eu. Então o prazer altruísta de Chris nas conquistas das outras pessoas me atordoou e me impressionou. Eu me lembro do seu entusiasmo pelos outros mesmo 25 anos depois. É uma qualidade que sempre quis ter em minha vida.

Em uma outra ocasião, quando eu era um pastor de jovens, eu estava em uma conferência com um monte de outros pastores. O líder do grupo perguntou: "O que lhe traz a maior alegria?"

Eu disse: "Quando estou lá na frente ensinando." Ensinar é uma das principais responsabilidades de um pastor de jovens, e eu tinha paixão por fazer isso. É uma das coisas mais importantes que podemos fazer por alunos que estão formando sua visão sobre a vida, a moralidade e a fé. E, também, a atenção que eu recebia por ensinar fazia com que eu me sentisse bem comigo mesmo, mais confiante e mais preparado para dar o meu melhor no trabalho. Então pensei que aquela era uma boa resposta.

Depois alguém mais adiante respondeu à pergunta "O que lhe traz a maior alegria?" da seguinte forma: "Quando estou assistindo ao meu estagiário lá na frente, ensinando."

Ai. Essa doeu.

Não acho que o outro pastor de jovens disse isso para me provocar. Contudo, sua resposta me marcou como um jeito totalmente diferente de ver o mundo. Esse cara estava focado em passar a responsabilidade e a atenção para outras pessoas e torcendo para que elas fossem bem-sucedidas.

Quem tinha a atitude mais saudável: o outro pastor de jovens ou eu? De quem seria a abordagem que produziria mais boas obras no longo prazo: minha ou dele? Como eu disse, uma solução para a distração da aclamação é... mais aclamação. Aclamação para os outros. Não se preocupe muito com o alcance de sua própria reputação. Edifique as reputações de outras pessoas merecedoras.

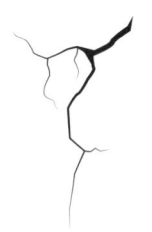

> ## Não se preocupe muito com o alcance de sua própria reputação. Edifique as reputações de outras pessoas merecedoras.

Trabalhar em uma ONG com uma equipe é um dos seus principais objetivos de vida? Bom para você. Apenas tenha certeza de que os elogios pelas boas obras sejam distribuídos apropriadamente para que todos recebam uma quantidade saudável e ninguém acabe recebendo demais. E garanta que a obra seja a coisa a ser promovida, não você.

Você e o seu cônjuge decidiram fornecer acolhimento para crianças com passados problemáticos? Esse é um trabalho importante e está muito longe de ser fácil, então você merece bastante crédito. Entretanto, seu cônjuge também está bem aí ao seu lado nesse serviço, certo? Se os outros exageram nos elogios a você, você redireciona um pouco deles para seu cônjuge?

Tente incorporar expressões como estas na sua fala:

- "Eu não poderia ter feito isso sem X."
- "É um esforço conjunto, e temos uma ótima equipe."
- "Você deveria pedir para Y contar essa história."

Isso lhe parece difícil? Mesmo se você for um líder, ser o centro das atenções pode não ser tão importante para o seu sucesso quanto você pensa.

O filósofo chinês Lao Zi é frequentemente creditado por ter dito: "Um líder é o melhor quando as pessoas quase não sabem que ele existe. Falhe em honrar as pessoas, e elas falharão em te honrar. Porém, quando um bom líder, que fala pouco, finaliza seu trabalho, e seus objetivos são alcançados, elas dirão: 'Nós todos fizemos isso.'"

Antes que eu me sinta culpado de dizer: "Eu fiz isso sozinho," deixe-me dar crédito quando devido.

Eu tenho dado crédito ao minimalismo pelas coisas que tenho sido capaz de alcançar. Contudo, devo dar pelo menos o mesmo crédito à minha esposa, Kim. Ela é uma esposa compreensiva e uma mãe amorosa. Ela lida com toda a agenda das crianças e as coisas da escola. Ela permite que eu faça o meu trabalho pela nossa parceria.

Considerando o quanto eu devo a ela, eu me sinto ainda mais tolo de ter ficado com inveja dos Minimalists. Afinal de contas, eu não teria alcançado nem metade das coisas que alcancei se não fosse pelo altruísmo e pelas habilidades de Kim. E ainda assim ela ganha muito menos atenção do que eu.

Nós superamos o desejo por elogios pessoais quando aprendemos a encorajar e a nos alegrar pelos outros. Como o orador norte-americano do século XIX Robert Ingersoll disse: uma pessoa "superior se eleva ao erguer as outras".[9]

Nós podemos celebrar as conquistas dos outros. E se eles começarem a receber os elogios que nós desejávamos ter recebido, tudo bem. Ainda temos a satisfação de saber que tivemos um papel em impulsionar pessoas merecedoras e suas causas.

Duas Perguntas para Fazer a Si Mesmo sobre Sua Atividade nas Redes Sociais

Muitas pessoas hoje em dia são tentadas pela fama fugaz das redes sociais. Desejamos "curtidas", "retuítes", "comentários", "visualizações" e "cliques". Nós atualizamos nossa página do Instagram ou do Facebook minutos depois de postar uma foto ou uma atualização apenas para ver quantas outras pessoas clicaram no coração ou no "joinha".

Você não tem que estar na rede social para fazer uma diferença no mundo, mas, se você é como eu, precisa das redes sociais para divulgar sua causa. Algumas pessoas fazem um "jejum" de redes sociais para se libertar da prisão psicológica que elas impõem, mas outras não têm esse luxo. As tentações provenientes das redes sociais sempre estão ali para elas.

O que você faz?

Duas perguntas simples podem ajudar você a esclarecer seus motivos e comportamentos no uso das redes sociais.

Por que estou atraindo seguidores?

Você está tentando ficar famoso? Rico? Quer suprir uma necessidade emocional dentro de si mesmo?

Ou é para se comunicar com amigos ou com pessoas que pensam de maneira semelhante a você? Talvez para ganhar alguma moeda social que você possa usar para o benefício das pessoas e das causas com as quais se importa?

Seus motivos podem não ser totalmente puros, nem inteiramente conhecidos para si mesmo, mas se está consciente deles, também pode conscientemente manter seu comportamento nas redes sociais alinhado com as suas intenções.

Como estou atraindo seguidores?

A internet está cheia de conteúdo sem sentido postado por pessoas, sites e canais que só querem ganhar cliques e curtidas. Ela também está cheia de conteúdo feito apenas para incitar respostas emocionais insalubres. Há muitas maneiras indesejáveis de atrair seguidores nas redes sociais.

Você está atraindo seguidores com dignidade? Integridade? Verdade? Consistência? Substância?

Quais são os seus padrões na hora de postar nas redes sociais? Talvez você precise criar um conjunto de diretrizes para si mesmo. Direcione sua atividade nas redes sociais para coisas boas, mesmo que isso signifique ter menos seguidores.

Isso o manterá alinhado com a mensagem que você quer passar.

Focado no Verdadeiro Prêmio

Se você for como eu e houver ocasiões em que fica fora dos trilhos porque está obcecado com o fato de o reconhecimento que está recebendo parecer não ser suficiente, então tenho duas reflexões esperançosas para você.

Primeiro, vai ficar mais fácil.

Quanto mais focado e comprometido com seus objetivos ficar, menor deverá ser a chance de que uma fome excessiva pelo reconhecimento dos outros o incomode. Quando você está fazendo o que sabe que deve fazer, isso enfraquece o lobo da inveja dentro de você.

Quando consegui um pouco de dinheiro extra alguns anos atrás, escolhi criar a Hope Effect.

Aquilo tinha uma prioridade máxima para mim na época, e ainda tem, mesmo agora. Ainda estou dedicando meu tempo e meus recursos financeiros a essa causa.

Então, quando um amigo usa seu dinheiro extra para comprar um Corvette, posso elogiá-lo pelo carro sem desejar ter um também. Eu tenho algo melhor. E toda vez que vou para um dos nossos orfanatos, vejo isso nos olhos de meninos e meninas que perderam os pais, mas estão felizes, saudáveis e cheios de esperança.

Eu ainda luto com o desejo exagerado por elogios? Claro que sim. Porém posso dizer honestamente que não é um problema tão grande quanto costumava ser. Isso não me atrapalha na busca das coisas que realmente importam para mim.

O desejo por atenção não precisa atrapalhá-lo também.

Aceite com cortesia o elogio merecido. Redirecione o elogio para outras pessoas com generosidade. E nunca perca o foco de sua missão, não importa o quanto o holofote esteja brilhando sobre você.

E agora eu lhe proponho a segunda reflexão encorajadora para que leve consigo: pessoas são atraídas por outras que estão vivendo sua missão.

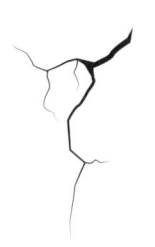

Pessoas são atraídas por outras que estão vivendo sua missão.

Uma mãe se dedica a criar os quatro filhos, e os vizinhos veem isso. Uma mulher no fim da rua liga e diz: "Estou com um problema com o meu filho, e, se você não se importar, gostaria de ouvir como você lidaria com seus meninos a respeito da mesma coisa."

Um trabalhador competente é observado pelo novo estagiário que acabou de entrar no emprego.

Um excelente técnico é admirado pelos jogadores.

Uma cantora de apoio pode ser reconhecida dentro de sua indústria. Um ótimo ouvinte é a primeira pessoa para quem um amigo em desespero liga.

Focar viver sua missão pode nunca o deixar famoso (que é algo sobre você). Contudo, pode fazê-lo influente (que é algo a respeito dos outros).

Almeje o propósito, não o elogio.

Eu aplaudiria você por isso, mas não quero que isso o distraia.

9

Até a Praia Fica Entediante

Superando a Distração do Lazer

Em vez de ficar sonhando com o próximo destino de férias, talvez você devesse criar uma vida da qual não precise fugir.

— SETH GODIN, *TRIBOS*

Eu tendo a ser uma pessoa determinada — alguém que quer alcançar e ter sucesso. No entanto, não acho que passo a impressão para a maioria das pessoas que me conhecem de que sou intenso, apressado ou obcecado, o tipo de pessoa que atropela os outros. Na verdade, provavelmente passo a imagem oposta: sou conhecido por ser calmo e pacífico, focado e atencioso. Não só porque amo trabalhar por natureza, mas também amo o trabalho que faço: ajudar os outros a viver vidas mais intencionais por possuir menos coisas. Posso relaxar e me sentir em casa no meu trabalho.

Se eu acordar antes do resto da minha família em uma manhã de sábado, provavelmente vou tomar uma xícara de café e ir até o meu notebook, e vou dedicar algum tempo para responder às perguntas sobre minimalismo que recebo por e-mail. Eu não *preciso* fazê-lo — afinal, poderia esperar até segunda-feira. Mas eu *quero*. Porque (como foi dito por Seth Godin) tenho minha vida profissional configurada de tal forma que não quero escapar dela. Em vez disso, sou atraído por ela porque a amo.

Certamente eu percebo que nem todo mundo tem o mesmo tipo de personalidade que eu (graças a Deus, somos pessoas variadas). Além disso, percebo perfeitamente que a visão sobre o trabalho difere de uma pessoa para outra. Temos uma enorme variedade de empregos, profissões e empresas, e alguns de nós se sentem mais confortáveis em um certo trabalho do que em outro.

No entanto, acredito que, para quase todo mundo, a coisa mais gratificante que podemos fazer, no longo prazo, é focar nosso trabalho. Por "trabalho", não estou me referindo apenas a um trabalho tradicional das 9h às 17h. Pode ser a criação dos filhos. Ou atuar como conselheiro. Ou fazer trabalho voluntário. Há muitas possibilidades. Qualquer coisa que contribua para o bem dos outros é *trabalho*, independentemente de sermos pagos por isso ou não.

E o que mais nos distrai desse tipo de trabalho? Uma das maiores coisas é o oposto do trabalho: o lazer. Ou melhor, a paixão da sociedade moderna pelo lazer.

Antes que pense que quero fazê-lo largar seu hobby ou que eu esconderia as chaves do seu trailer se pudesse, preciso dizer que minha família e eu tiramos duas férias prolongadas todos os anos, uma no verão aqui no hemisfério Norte e outra na época do Natal. Eu regularmente tiro folgas do trabalho para pegar minha filha na escola, participar das atividades esportivas do meu filho ou almoçar com a bela Sra. Becker. Minha semana tem um ritmo saudável porque segui o conselho de um ex-mentor, que disse: "Você deve tirar dois dias de folga por semana — um para cuidar das tarefas domésticas e outro para descansar o máximo possível."

Então *não* sou contra descanso, relaxamento e diversão. Eu só não quero que você deixe passar as coisas que importam para si por ter aderido às nossas noções culturais de lazer sem parar para pensar. O que sou contra é fazer do lazer seu *objetivo*. Porque se o lazer for o seu objetivo, ele inevitavelmente substituirá suas maiores prioridades. Esse é um problema muito comum em nossa sociedade.

Deixe-me colocar desta forma: o lazer é um grande impulsionador da produtividade no longo prazo, em nossa busca por objetivos significativos. Porém o lazer por si só é um objetivo terrível.

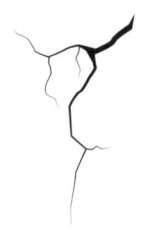
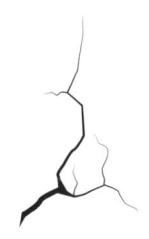

> O lazer é um grande impulsionador da produtividade no longo prazo em nossa busca por objetivos significativos. Porém o lazer por si só é um objetivo terrível.

O lazer não proporciona significado. Ele proporciona revitalização para outras coisas que proporcionam significado.

As pessoas que conheço que fizeram do lazer seu propósito tendem a se sentir vazias e acabam se arrependendo do que abriram mão pelo lazer. Eles se cansam de tomar sol na praia, jogar golfe ou de assistir à TV. Eu não quero que você ou eu terminemos da mesma maneira.

Em nossa sociedade, o lazer se torna uma distração principalmente de duas maneiras:

- Tendemos a ver o trabalho como um mal necessário e tentamos fazer o mínimo possível.

- Nós assumimos que devemos parar de trabalhar em uma certa idade e geralmente esperamos que essa idade seja tão cedo quanto possível, ou quanto nós e nossas poupanças de aposentadoria possam nos proporcionar.

Para entender isso melhor, temos que começar olhando mais de perto o que nosso trabalho significa para nós.

Por que Trabalhamos

Isso pode não ser historicamente preciso, mas imagino uma época em que as famílias eram responsáveis por realizar tudo que sua existência demandasse: caçar, cultivar, construir, costurar, cozinhar, limpar e assim por diante. Até que um dia alguém percebeu que sua família era melhor na agricultura do que na construção e decidiu negociar com uma família vizinha. "Se plantarmos comida extra e a dermos a você, você construirá uma casa extra na qual possamos morar?"

Assim, a divisão do trabalho nasceu. Ambos se beneficiaram do acordo: alimentos foram mais bem cultivados e casas mais resistentes foram construídas. No final, toda a sociedade foi beneficiada. E cada indivíduo foi capaz de contribuir com sua comunidade na sua área de talento e paixão, fosse ela agricultura, construção, costura, caça ou pesca.

Contudo, em algum lugar ao longo do caminho, perdemos o foco em como o trabalho beneficia a todos. Não trabalhamos mais para beneficiar os outros, mas para beneficiar a nós mesmos. O trabalho se tornou algo egoísta. O trabalho se tornou o meio pelo qual ganhamos dinheiro para podermos fazer as outras coisas que realmente queremos fazer.

Dorothy Sayers (mais conhecida como a criadora da série de livros de mistério de Lord Wimsey) disse em um ensaio sobre trabalho:

> O que eu pedi, na época, foi uma revolução minuciosa em toda a nossa atitude em relação ao trabalho. Pedi que fosse considerado não como um trabalho penoso necessário para se fazer dinheiro, mas como um modo de vida no qual a natureza do homem deve encontrar seu próprio exercício e deleite e assim se realizar para a glória de Deus...
>
> O hábito de pensar no trabalho como algo que se faz para ganhar dinheiro está tão enraizado em nós que mal podemos imaginar que mudança revolucionária seria pensar nele em termos de uma realização.[1]

Sayers escreveu isso há mais de oitenta anos, durante a Segunda Guerra Mundial, e sua opinião é mais verdadeira agora do que nunca. O trabalho hoje é amplamente visto como um exercício para se ganhar dinheiro ou como algo a se evitar e encurtar, se possível.

Na pesquisa "O que Realmente Importa", perguntamos: "Qual é o objetivo mais atraente: aposentar-se cedo e viver uma vida de lazer ou trabalhar muito tempo em um emprego que considera gratificante e produtivo?" Apenas cerca de 1/3 dos entrevistados (34%) consideram que trabalhar em um emprego gratificante é mais atraente do que se aposentar cedo para viver uma vida de lazer. Parece que muitos de nós estamos trabalhando mais porque precisamos do que porque queremos.

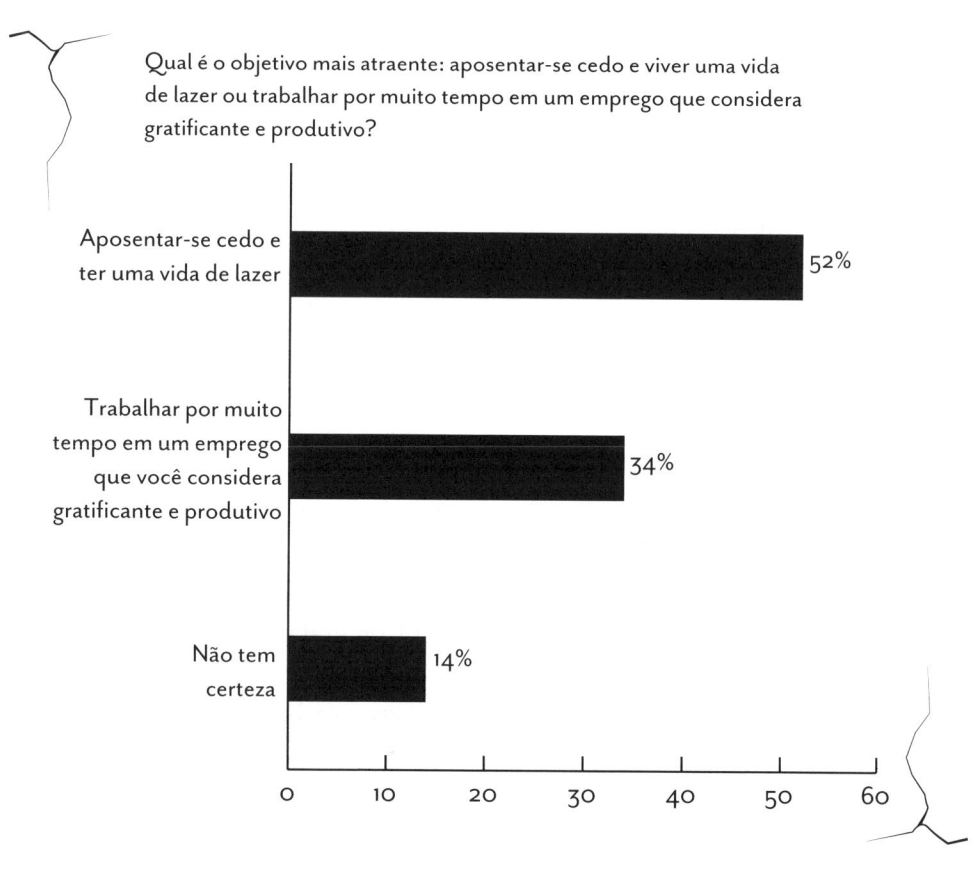

Qual é o objetivo mais atraente: aposentar-se cedo e viver uma vida de lazer ou trabalhar por muito tempo em um emprego que considera gratificante e produtivo?

Aposentar-se cedo e ter uma vida de lazer — 52%

Trabalhar por muito tempo em um emprego que você considera gratificante e produtivo — 34%

Não tem certeza — 14%

0   10   20   30   40   50   60

No relatório *State of the Global Workplace* de 2017, o instituto de pesquisa Gallup revelou que apenas 15% dos funcionários em todo o mundo são envolvidos em seu trabalho, enquanto 67% não se envolvem e 18% são ativamente desconectados. Os níveis mais altos de envolvimento são encontrados nos Estados Unidos e no Canadá, embora estejam em 31%, o que ainda deixa mais de 2/3 desconectados. Austrália/Nova Zelândia e Europa Ocidental seguem consideravelmente atrás, com 14% e 10% de envolvimento, respectivamente.[2]

Não pode ser que 85% dos empregos em todo o mundo sejam ruins. Há algo mais contribuindo para essa quantidade de falta de conexão no trabalho.

Acredito que isso se relaciona com a forma como vemos o ato de trabalhar. A razão pela qual 85% de nós estão desconectados no trabalho é porque estamos pensando de maneira totalmente errada sobre isso. Nós o enxergamos como a coisa que fazemos para ganhar dinheiro para podermos comprar uma casa ou tirar férias. Dessa forma, trabalhar se tornou algo inteiramente egoísta.

Trabalho é o que faço para conseguir o dinheiro para fazer as coisas que quero fazer. Com essa mentalidade, não é de admirar que nos concentremos tanto no lazer: fim de semana, feriados, férias e aposentadoria.

A Isca do Lazer

Gostamos do nosso tempo fora do trabalho. Quase podemos dizer que ficamos obcecados com isso. Muitos afirmam que "trabalham para chegar ao fim de semana". A segunda-feira é alvo de inúmeras piadas. A quarta-feira é chamada de "Hump Day" [ou O Dia da Corcunda, em tradução literal], porque depois dela vem a "descida" para o fim de semana. E imprimimos canecas, camisetas e ímãs proclamando: "Graças a Deus, é sexta-feira."

Muitas pessoas desperdiçam seus dias de semana desejando sempre o fim de semana, exaltando o sábado e o domingo acima da segunda e da terça. Aqueles que aprendem a amar e a aproveitar ao máximo todos os dias são menos propensos a olhar para trás e perceber que ficaram desejando e desperdiçaram suas vidas. No entanto, continuamos valorizando nosso tempo de folga mais do que nosso tempo trabalhando.

Nos Estados Unidos, 40% das vezes em que os trabalhadores "pedem dispensa por doença", eles estão fingindo.[3] O norte-americano comum gasta quase duzentas horas por ano — o equivalente a 25 dias úteis! — sonhando acordado com as férias.[4]

Mas há uma ironia aqui.

Somos tão dedicados ao nosso trabalho que isso afeta nossos dias de folga. Um pouco mais da metade dos trabalhadores dos EUA não usa todo o tempo de férias remuneradas. Uma porcentagem semelhante (mais de 50%) relata que se sente culpada por tirar férias.[5]

Durante as férias, muitos norte-americanos nunca se afastam de verdade seus locais de trabalho: 70% dos trabalhadores americanos em férias checam como estão as coisas em seus locais de trabalho pelo menos ocasionalmente. Além disso, 30% checam pelo menos uma vez por dia, e cerca de 11% o fazem várias vezes ao dia.[6]

Nós realmente *precisamos* fazer isso? Ou estamos tão viciados na rotina que não podemos ficar sem ela, mesmo em nossas férias tão esperadas? Investimos tanto de nosso senso de autoestima em nossos empregos que não podemos passar uma semana na praia ou dez dias explorando as Montanhas Rochosas do Canadá sem nos voltarmos ao nosso trabalho a fim de acariciar nossos egos?

Nós nos preocupamos com nosso tempo de folga *demais* e ao mesmo tempo *não o suficiente*. Por um lado, pensamos no tempo livre como o destino ao qual desejamos chegar e estamos nos esforçando para isso ao longo de nossos dias de trabalho. Por outro lado, não aproveitamos nosso tempo livre para realmente descansar e nos revigorar.

Qual o problema com essas realidades conflitantes? Essa tensão estranha é porque estamos interpretando o papel do descanso de forma errada? Estamos vendo o objetivo do trabalho como sendo o descanso, em vez de reconhecer que o objetivo do descanso é realizar um trabalho melhor?

Interpretamos tudo ao contrário, e isso está nos levando a essa confusão.

O objetivo do trabalho não é mais descanso. O objetivo do descanso é trabalhar melhor.

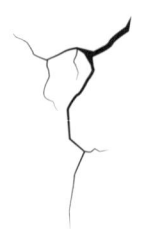 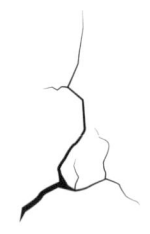

> O objetivo do trabalho não é mais descanso. O objetivo do descanso é trabalhar melhor.

Eu não trabalho muito para poder tirar férias. Eu tiro férias boas para poder trabalhar melhor. É uma maneira diferente de ver a motivação.

Aproveite seus fins de semana, o descanso pessoal e feriados. E tire pelo menos um período longo de férias por ano. Se você não pode se dar ao luxo de ir longe ou fazer algo exótico, tudo bem. Você ainda pode se desconectar do trabalho. E realmente descansar. Divirta-se.

Afaste-se um pouco do trabalho, não como se estivesse fugindo, mas para que possa ter alguma perspectiva sobre ele. Recarregue as energias para ser e fazer o seu melhor trabalho quando voltar.

R&R — *repouso* e *relaxamento* — não é suficiente. Precisamos de R&R&R: os dois primeiros *e* um *retorno ao trabalho* com entusiasmo.

Inventando a Aposentadoria

Em nossa sociedade, não há apenas uma propensão contínua para levar a vida com calma e aproveitar, mas também um objetivo final de eliminar completamente o trabalho de sua vida para que possa finalmente "aproveitar a aposentadoria". Entre as gerações que trabalham hoje em dia, há uma tendência de querer se aposentar cada vez mais cedo.[7]

Isso é bom? Ou é ruim?

Meu avô, Harold, Salem tinha muito a dizer sobre aposentadoria. Uma das coisas que ele costumava me dizer era: "A aposentadoria foi inventada pelos políticos, e não preciso dizer mais nada."

Eu costumava me perguntar se isso era realmente verdade. Então comecei a pesquisar a história da aposentadoria. E sabe de uma coisa? Ele estava totalmente certo!

A aposentadoria é basicamente um experimento moderno. Nas gerações passadas, todos continuaram trabalhando enquanto eram fisicamente capazes. Os historiadores dizem que Otto von Bismarck, chanceler da Alemanha, ajudou a inventar o conceito moderno de aposentadoria em 1883, quando ofereceu uma pensão a qualquer alemão desempregado com mais de 70 anos, idade que foi reduzida para 65 alguns anos depois. Outras nações, incluindo os Estados Unidos, seguiram o exemplo.[8]

Em outras palavras, 65 anos era uma idade arbitrária estabelecida pelos políticos para angariar votos. Então, em algum ponto ao longo do caminho, essa idade específica se tornou o padrão de excelência para a aposentadoria, mesmo que não tivesse nada a ver com a melhor abordagem para o indivíduo viver uma vida mais significativa.

Então, se a aposentadoria é um experimento, como está se saindo? Eu diria que não tão bem.

Preparar-se financeiramente para a aposentadoria gera uma boa dose de angústia. Basta observar quantos comerciais sobre aposentadoria existem. Ou quanta energia mental você dedica para pensar em suas contas de aposentadoria. As pessoas estão ocupadas calculando em quanto tempo podem se aposentar e se preocupando com o fato de não terem o suficiente. E se uma correção do mercado de ações viesse e diminuísse o pé de meia dos pré-aposentados, seria considerado uma pena se eles talvez devessem ter que trabalhar mais alguns anos antes de se aposentar (será que isso não poderia ser uma coisa boa?).

Você sabe qual é a maior consequência indesejada de dar esse foco todo na aposentadoria? Isso tira a alegria do trabalho. Por quê? Porque como aprenderemos a gostar do trabalho se nosso objetivo é sair dele o mais rápido possível? Trabalhamos para que possamos parar de trabalhar em vez de trabalhar porque é algo significativo para nós.

Além disso, há uma mentalidade entre muitas pessoas de que se aposentar (provavelmente por volta dos 65 anos) é o único caminho a ser seguido.

E assim uma multidão se aposenta quando realmente não precisa, deixando cargos nos quais ainda podiam contribuir muito para a sociedade e ter a satisfação provinda disso.

Então, a aposentadoria é mesmo tão importante quanto pensamos ser? Ou está nos fazendo perder coisas que realmente importam e coisas das quais podemos nos orgulhar quando chegarmos ao fim de nossas vidas?

Não Se Aposente, Reformule-se

Se você está supondo que deva se aposentar, eu o desafio a reconsiderar. Até que ponto a atitude cultural em relação à aposentadoria afeta sua visão do trabalho ou o objetivo do seu trabalho? A própria palavra *aposentar*, em um sentido figurado, significa pôr de lado, tirar algo do centro da ação. Quem quer isso? Especialmente quando você tem tanta coisa boa para dar?

Meu avô disse: "Quero me aposentar três dias antes do meu funeral" (ele quase conseguiu — trabalhou quarenta horas por semana até nove dias antes de sua morte, aos 99 anos!). Ele sempre deu crédito ao trabalho como uma das razões pelas quais ele permaneceu mentalmente afiado. E eu sei que foi um dos motivos pelos quais ele pôde enfrentar a morte com tanta confiança — ele não desperdiçou um único ano de vida.

É claro que a idade é um fator real em nosso trabalho, às vezes tornando alguns aspectos dele mais difíceis para nós. Entretanto, conforme for envelhecendo, você pode optar por não se *aposentar* de sua carreira, mas *reformulá-la*. Por exemplo:

- Você pode pegar mais leve, passando de tempo integral para meio período ou para um trabalho de temporada.

- Você pode passar a um trabalho que exija menos fisicamente.

- Você pode aconselhar mais do que liderar, passando para um papel de mentor.

- Você pode mudar para uma área ou tipo de trabalho diferente, talvez mais alinhado com seus objetivos de vida, mesmo que pague menos.

Futuramente, no entanto, você pode optar por se aposentar completamente do emprego remunerado. Nem sempre isso está errado. Às vezes, a melhor escolha é encerrar suas atividades, especialmente se você planeja se concentrar mais nas causas com as quais se importa enquanto estiver aposentado.

Em nossa sociedade, que tem o foco na juventude, gostaria que pudéssemos recuperar um apreço maior pela idade. Não se trata apenas de pessoas mais jovens procurarem com mais frequência conselhos de pessoas mais velhas; os próprios idosos poderiam ter uma visão superior do que podem oferecer aos outros. Em seus últimos anos, você tem muito a contribuir, provavelmente mais do que nunca. Os melhores frutos crescem nas árvores mais maduras.

Pesquisas mostram que a aposentadoria de um emprego típico, quando realizada da maneira correta, pode melhorar tanto a saúde quanto a satisfação com a vida.[9] No entanto, 28% dos recém-aposentados acham que a vida ficou pior do que quando estavam trabalhando. Eles têm uma sensação de "isolamento e desorientação".[10] Então, como os outros 72% encontram a felicidade na aposentadoria?

Stephen Wright, um consultor financeiro, fez uma boa colocação: "A chave para uma aposentadoria feliz é ter algo *para o qual* você está se aposentando, não apenas algo *de que* você está se aposentando. A diferença entre aposentados felizes e infelizes é ter um propósito."[11] Em outras palavras, continue contribuindo. "Trabalho" não precisa incluir um salário a cada duas semanas — pode ser algo significativo, como ajudar a criar um neto ou oferecer mais horas para sua comunidade.

Não se aposente até que você realmente precise. E, se você se aposentar, aposente-se com um propósito.

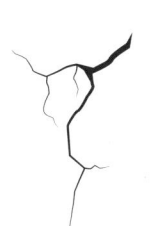

Se você se aposentar, aposente-se com um propósito.

Seja qual for o seu status de trabalhador, faça um balanço dos anos que ainda podem lhe restar e renove o compromisso com seus principais objetivos. Enquanto tiver fôlego, continue contribuindo positivamente para o mundo ao seu redor.

O Poder do "Velhote"

Paul Stratman, nativo de Omaha, passou 44 anos no ramo elétrico, instalando fios, gerenciando pessoas e, eventualmente, fazendo modelagem 3D. Depois se aposentou.

A insatisfação logo apareceu. "Minha esposa tinha uma longa lista de coisas que queria que fossem feitas em casa", disse Paul, "mas levei menos de um ano para fazer. E certamente não queria ficar sentado em casa sem fazer nada pelo resto da minha vida. Eu queria ajudar as pessoas".

Nessa época, ele ouviu falar de um grupo de comerciantes aposentados na área de Omaha que se autodenominam os *Geezers* [Velhotes, em tradução livre]. Várias vezes por semana, ao longo de meio dia, um grupo de cinco a dez Geezers se reúne em North Omaha (uma parte mais pobre da cidade) para reconstruir uma casa para que uma ONG possa usar depois.

"Atualmente, estamos reconstruindo uma casa que abrigará seis ex-detentos", disse Paul. "Estamos fornecendo a casa e a ONG fornecerá a mentoria quando os rapazes se mudarem."

O objetivo é ajudar ex-presidiários a construir uma vida melhor e ficar fora da cadeia. A taxa de reincidência nos Estados Unidos chega a 83%.[12] "Nossa meta é ter uma taxa de 0% entre os homens que vão ocupar esta casa quando terminarmos", disse Paul.

Em uma ocasião anterior, após as devastadoras enchentes do centro-oeste em 2019, Paul estava trabalhando como voluntário na área para restaurar a eletricidade das casas quando recebeu um telefonema urgente sobre um casal na casa dos 50 anos cuja casa havia sido destruída na enchente. O casal estava morando em um trailer com a filha adolescente e três netos (cuja mãe não podia cuidar deles), enquanto tentavam conseguir dinheiro suficiente para consertar a casa. Seis pessoas em um pequeno trailer!

O casal estava preocupado porque haviam sido informados de que alguém da Divisão de Serviços à Criança e Família do Nebraska (CFS) viria inspecionar as condições de vida dos três netos. O casal temia que os netos fossem tirados deles. Eles estavam desesperados para evitar isso. Será que Paul os ajudaria?

Paul pôs logo a mão na massa. Ele finalizou a fiação elétrica e as reformas de segurança dentro da casa danificada pela enchente, gratuitamente, a tempo de passar pela inspeção do CFS. A família permaneceu junta.

Refletindo sobre essa experiência, Paul disse: "Quando você pode ajudar pessoas que estão muito desesperadas e pode fazer uma pequena diferença em suas vidas — pessoas que abdicaram das suas vidas para cuidar das necessidades de outra pessoa — é comovente. Essa foi uma das experiências mais emocionantes que já tive e um dos trabalhos mais significativos que já realizei." Paul se aposentou do emprego, mas não parou de trabalhar para os outros.

Muitas Restituições Felizes

Vários anos atrás, conheci uma mulher chamada Theresa. Ela tinha 70 anos e era magra, e tinha uma doçura que você notava imediatamente. Conversando com ela, descobri que tínhamos algumas coisas em comum quando ela mencionou que era contadora (eu havia estudado contabilidade na faculdade). Ela estava aposentada quando a conheci, mas fiquei fascinado ao saber que ela ainda estava fazendo um bom uso da sua educação e experiência. De janeiro a abril — ou seja, no período que antecede o dia da declaração de impostos — ela ia ao centro de Phoenix todos os dias da semana e ajudava mulheres de baixa renda a preparar suas declarações de impostos, sem cobrar nem um centavo.

"Eu explico e me esforço para garantir que as mulheres recebam todos os recursos que o governo proporciona a elas", ela me explicou, enquanto seu rosto se iluminava. "Passei minha vida ajudando as empresas a fazerem o mesmo. Agora gosto de ajudar os desfavorecidos. Muitos não sabem ler, muito menos preencher um formulário complicado de declaração de impostos.

"Passei décadas estudando o código tributário e estou colocando esse conhecimento em bom uso agora na aposentadoria."

Um Bem Necessário

Precisamos de uma visão diferente do trabalho. Ele não é um mal necessário. Não é algo possivelmente interessante apenas por um tempo na juventude, mas do qual estamos destinados a nos cansar mais tarde, enquanto começamos a nos esquivar ou a procurar uma saída.

A verdade é que o mundo precisa de seus talentos e habilidades. Precisamos que você trabalhe duro e faça isso bem. Seu trabalho contribui para o bem da sociedade e move-nos em frente. Sua contribuição nos torna melhores como pessoas. Enriquece nossas vidas.

Esteja você ensacando mantimentos, entregando correspondência, varrendo ruas, cuidando de crianças ou gerenciando outras pessoas, você pode ver seu esforço como um ato de amor às pessoas a quem serve. E quando você mudar sua motivação, descobrirá que o trabalho não é algo a ser evitado — é algo significativo e recompensador. A segunda-feira não é um dia para ser temer.

Por favor, não veja seu trabalho como algo apenas para ser suportado ou do qual escapar. Em vez disso, reavalie-o. Recupere o foco e a motivação para usar suas paixões e habilidades para contribuir com o bem para uma sociedade que precisa delas. Seu trabalho é uma forma de mostrar amor aos outros.

Ame seu trabalho porque seu trabalho é amor.

Além do Salário

A pesquisa "O que Realmente Importa" perguntou: "Você encontra satisfação em sua carreira/trabalho além do salário que recebe?" Cerca de metade — 53% — disse que sim. Não: 31%. Não tinham certeza: 17%.

É hora de *todos* nós começarmos a redefinir o trabalhar e encontrar satisfação para além do salário. Não porque seu empregador oferece um ótimo pacote de férias ou uma vaga de estacionamento perto do prédio, mas porque seu trabalho melhora a vida de todos. Você faz o que faz bem, seja isso pago ou não, para que outra pessoa possa fazer o que faz bem, e todos se beneficiam. É por isso que chamo o trabalho de *amor*.

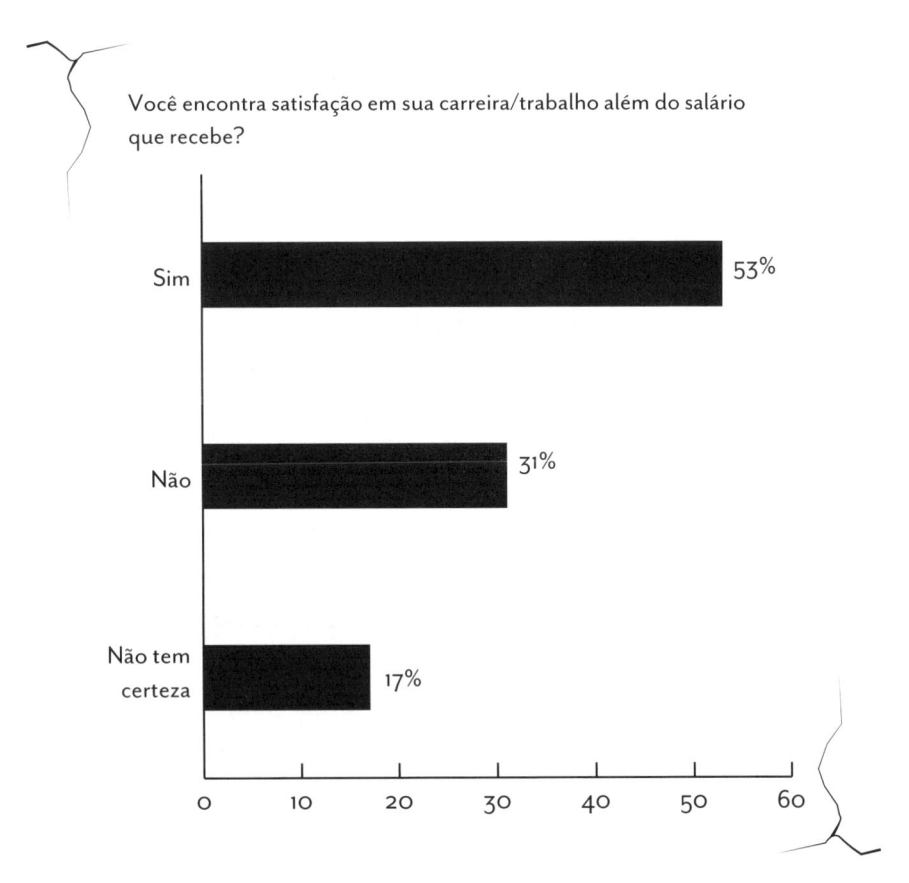

Você encontra satisfação em sua carreira/trabalho além do salário que recebe?

Às vezes, esse amor assume a forma da construção de um lar sólido e mais econômico. Às vezes, é o cultivo de alimentos melhores ou a confecção de roupas melhores. Outras vezes, é limpar os dentes de alguém, ajudar com os impostos, cortar a grama ou trabalhar como balconista de mercearia para coletar dinheiro que pode ser pago aos agricultores pela próxima safra.

Independentemente de qual seja o seu trabalho, em quase todas as circunstâncias, você está trazendo um benefício para a sociedade. E quando começamos a ver nossos trabalhos dessa maneira, instantaneamente encontramos mais alegria neles.

Lembro-me de compartilhar essa ideia de trabalho com uma sala lotada com centenas de pessoas. Um jovem se aproximou de mim depois e disse: "Gostei do que disse sobre o trabalho. Contudo, sou paisagista. Corto grama e aparo arbustos. Não tenho certeza de quanto meu trabalho está beneficiando o mundo. Eu certamente não vejo isso como amor."

"Meu primeiro pensamento", eu disse a ele, "é 'obrigado por tornar meu bairro bonito'. Toda vez que saio para correr, ou faço uma caminhada com minha esposa, ou ando de bicicleta com meu filho, aprecio a beleza ao meu redor. E você que fez isso, então, obrigado.

"Porém não vou parar por aí. Na semana passada, um bom amigo estava no hospital para fazer uma cirurgia importante, e ele saiu com um bom prognóstico. Não faço ideia se você é o paisagista que cuida do jardim do médico, mas alguém o faz. E como alguém está fazendo o mesmo trabalho que você, o médico do meu amigo teve tempo para oferecer seus dons e talentos ao realizar essa cirurgia nele.

"Então, obrigado pelo seu trabalho. Ele certamente está beneficiando a todos nós. Seu trabalho parece muito com amor para mim."

Você vê como isso muda completamente a forma como enxergamos nossos trabalhos? Começamos a sentir satisfação quando pensamos além do salário.

Uma Mudança Terapêutica

Mark Mahnensmith é pai de quatro filhos — dois pares de gêmeos — e mora em Rhode Island. Ele é fisioterapeuta e ama seu trabalho, não apenas porque ama a prática em si, as pessoas ou a empresa, mas também porque ele vê seu trabalho como amor.

Nem sempre foi assim para Mark. Após a faculdade, ele escolheu uma carreira na área financeira, indo trabalhar em um dos maiores bancos de investimento de Wall Street. Ele estava ganhando muito dinheiro e começou a se imaginar aposentando-se aos 35 anos.

"Na época", ele me disse, "não me importava com o trabalho que estava fazendo. Eu só queria ganhar muito dinheiro. Porém comecei a notar algo em minha vida. Eu não conseguia dormir à noite e não conseguia acordar de manhã. Algo precisava mudar".

Ele começou a relembrar enquanto contava sua história. "Eu era um atleta no ensino médio e sempre fui bom em me esforçar mais do que os outros e exigir mais do meu corpo. Eu queria ajudar os outros a fazerem o mesmo. Então voltei aos estudos para me tornar um fisioterapeuta. Era uma carreira que me permitiria viver a vida em família que eu queria, mas, mais do que isso, ela me permitiria amar e servir aos outros por meio de meu talento e paixão."

Mark é fisioterapeuta há dez anos e está muito mais feliz agora. Em suas próprias palavras: "Não porque houvesse algo de errado em trabalhar em um banco de investimento, mas porque eu vejo o trabalho de forma diferente agora. E vejo meu papel no mundo, por meio do trabalho que faço, de forma diferente."

Ele continuou: "Não vejo meu trabalho apenas como algo que paga nossas contas. Vejo como uma oportunidade de me conectar com as pessoas. Na verdade, tenho a maior satisfação quando ajudo alguém a aprender sobre seu corpo ou quando consigo simplificar um processo que acaba mudando sua mentalidade ou perspectiva. Minha carreira ajuda outras pessoas a serem melhores, e isso é uma das coisas mais amorosas que qualquer um de nós pode fazer pelo outro."

É importante notar, na história de Mark, que ele não fala mal dos banqueiros ou do setor financeiro. Na verdade, quando conversei com ele sobre sua mudança de carreira (conheci Mark quando ele estava estudando para se tornar fisioterapeuta quinze anos atrás), ele acreditava que, se tivesse visto seu trabalho anterior de maneira diferente, poderia tê-lo abordado como um trabalho de amor também.

Existem muito poucos empregos no mundo hoje que não servem outras pessoas. O banqueiro de investimentos, o fisioterapeuta, o professor voluntário, o lixeiro, o vendedor de seguros, o advogado *pro bono*, o operário de construção de estradas, o paisagista — cada um deles melhora a qualidade de vida dos outros e permite que eles sejam suas melhores versões. Tudo se resume a como vemos nosso trabalho.

Que Maneira de Ganhar a Vida!

Quando publiquei meu primeiro livro com uma editora tradicional — um livro intitulado *Viva Mais, Tenha Menos* —, um das primeiras ilustrações do designer de capa mostrava uma espreguiçadeira na praia. Minha reação? Não, não, não! Isso era exatamente o oposto da impressão que eu queria passar. Nunca busquei o minimalismo como um meio de deixar de lado minhas obrigações e oportunidades, e não queria que a capa refletisse esse equívoco comum. O objetivo do minimalismo (o tema do livro) para mim não é ir mais rápido ao ponto em que não precisamos fazer nada. É nos tornar *mais* produtivos. Removemos as distrações para que possamos viver nossas melhores vidas de contribuição para os outros.

Quero encerrar este capítulo com uma verdade importante: sua vida mais significativa e plena incluirá trabalho árduo. Ambos estão conectados e correlacionados. Como seres humanos, somos projetados para trabalhar não por dinheiro, posses ou fama, mas porque está em nossa natureza viver de acordo com nosso potencial máximo, realizando o bem para aqueles que nos rodeiam. E, assim, suas atividades mais significativas não serão fáceis; elas exigirão foco e esforço.

Agora, só para deixar claro, não estou argumentando que você se ocupe apenas para estar ocupado. Estou defendendo a importância de fazer seu trabalho (pago ou não) de maneira focada e deliberada, dando tudo de você nele — fazendo o melhor que puder para realizar o máximo que puder com a vida que você tem.

Anos atrás, em um evento em Iowa, falei sobre a importância do trabalho e a satisfação vivificante que vem dele. Uma mulher me puxou de lado depois para compartilhar uma história.

"Eu tenho um pequeno restaurante na minha cidade natal", ela começou. "No último Dia das Mães, eu estava com poucos funcionários e contratei uma adolescente para nos ajudar a limpar as mesas naquele dia. Era um dos dias mais movimentados do ano — o Dia das Mães sempre é assim. No final do dia, olhei para a jovem. Ela estava sentada em um banquinho perto da lava-louças. Aproximei-me dela e comentei como o dia estava louco. Ela me respondeu: 'Estou absolutamente exausta. Acho que nunca me senti tão cansada antes na minha vida.'"

A mulher que contou a história me olhou nos olhos e continuou: "Eu olhei para ela e disse: 'Eu sei. Isso não é ótimo?'"

Assim como todo mundo, eu gosto de um dia de folga. Adoro acordar devagar e preparar um café da manhã tranquilo para minha família. Gosto de ler um livro, jogar basquete no parque ou assistir a um filme com meus filhos. E aproveito as férias, seja indo passar o Natal com os parentes ou curtindo uma viagem de esqui juntos nas férias de primavera. Esses são dias pelos quais anseio.

Porém nada supera a sensação de deitar a cabeça no travesseiro no final de um dia de trabalho significativo e saber que dei tudo de mim naquele dia. Como a dona do restaurante disse, realmente é ótimo. Quando chegar ao fim da minha vida, quero ver que dei o meu melhor e que dei tudo de mim. Você também.

A maneira de superar a distração do lazer é reavaliá-lo e encontrar a plenitude altruísta no trabalho. Se você tem um emprego, veja-o como amor a servir aos outros. Se seus dias são gastos cuidando dos filhos e fazendo tarefas domésticas, veja isso como amor. Mesmo se você estiver desempregado e tiver muito tempo livre, ainda há serviço significativo para os outros que você pode encontrar para fazer.

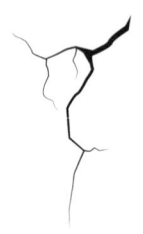 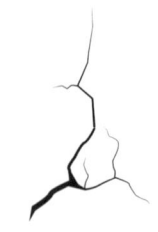

> A maneira de superar a distração
> do lazer é reavaliá-lo e encontrar a
> plenitude altruísta no trabalho.

Sei que trabalhar é algo confuso e nunca é perfeito. E mesmo que o bem que você foi projetado para trazer ao mundo seja o trabalho pelo qual você é pago, ainda há dias difíceis, relacionamentos difíceis e coisas difíceis que precisa fazer e que nem sempre ficará feliz em fazer. No entanto, se está trabalhando com as coisas que realmente importam, você nunca vai se arrepender.

10

Luzes Piscantes
Superando a Distração da Tecnologia

Antes de morrer, você vai perceber que sua vida inteira foi amar as pessoas. Porém você escolheu assistir demais à TV.

— DONALD MILLER

O *Becoming Minimalist* começou como um blog na época em que os blogs eram algo novo e eu mal sabia o que estava fazendo. Mais tarde, comecei a postar no Facebook e no Twitter quando estava entediado, e passei a observar que tipo de mensagens eram seguidas nessas plataformas e como elas poderiam ser usadas para espalhar a mensagem do minimalismo. *Ah, então é assim que funciona*, eu me lembro de dizer a mim mesmo. Para ser honesto, foi simplesmente um processo de me deparar com a tecnologia. Um aplicativo, algumas revistas online e um número incalculável de lives depois, uma coisa ficou clara para mim: sem a tecnologia moderna, eu nunca teria sido capaz de alcançar meu objetivo de incentivar o minimalismo com o mesmo alcance que tenho agora.

Ainda assim, há momentos em que a tecnologia não me ajuda, mas me atrapalha em viver meu propósito e meus valores. Mesmo sendo alerta como eu sou em relação a esse problema, ainda me pego com frequência desperdiçando tempo nas redes sociais ou lendo uma notícia que é irrelevante para mim. Tenho que lembrar a mim mesmo várias vezes de clicar no botão vermelho para fechar a janela ou colocar meu celular virado com a tela para baixo.

Se existe algo que mais merece o rótulo de *distração*, são as novidades eletrônicas, o entretenimento, a informação e os jogos que consomem nosso tempo, que a tecnologia moderna empurra em nossa direção (não que coloquemos muita resistência na maioria das vezes). Todas essas luzes piscantes e ícones coloridos e sons fascinantes são coisas difíceis de ignorar. A tecnologia pode rapidamente passar de uma ferramenta para uma distração quando não tomamos cuidado. E no fim ela pode nos levar ao arrependimento.

A Nova Trivialidade

Muito antes de sermos mordidos pelo FAANG (Facebook, Apple, Amazon, Netflix, Google), os seres humanos já tinham uma tendência a se envolver com o trivial no lugar daquilo que é importante. Imagino que as pessoas costumavam gastar muito tempo ouvindo programas nos seus rádios gigantes na sala de estar, ou dando seus trocados nas primeiras salas de cinema, ou gastando tempo nos salões de sinuca. Indo ainda mais para o passado, e estou certo que as pessoas eram pegas em corridas de charrete mais vezes do que era saudável. Na verdade, eu li um ensaio na faculdade escrito 2 mil anos atrás (durante o Império Romano) que argumentava contra a tolice de desperdiçar dias no Coliseu vendo os gladiadores.

Pelo menos, nos tempos idos, costumávamos pedir licença e nos retirar para aproveitar o trivial. Saíamos de casa para ir ao bar da esquina, ou tirávamos uma tarde de folga do trabalho para assistir a um jogo de futebol. Quando eu era pequeno, íamos ao porão para jogar videogame porque era onde os aparelhos estavam conectados à TV. Hoje em dia, posso pegar meu celular em qualquer lugar e a qualquer momento — na mesa do jantar, em um encontro com minha esposa, no jogo de futebol do meu filho. As distrações das coisas e das pessoas que realmente importam (que geralmente estão sentadas na nossa frente) estão presentes em um nível totalmente novo.

Hoje, muitas das nossas atividades de lazer saíram do mundo real e entraram em nossos aparelhos, fazendo com que a distração com as coisas triviais seja constante. Muitos com gosto por colecionar agora estão "salvando pins" no Pinterest. O tipo de pessoa que escreveria inúmeras cartas nos velhos tempos agora está postando compulsivamente. Aqueles que não teriam perdido as lutas de sexta à noite estão imersos no mundo sombrio dos jogos online. O tipo que estaria inclinado a discutir política cara a cara um tempo atrás, agora publica suas queixas nas mídias sociais e nas seções de comentários.

Além disso, há todas as novas tentações que não poderíamos imaginar antes que elas aparecessem: o compartilhamento de vídeo, os aplicativos de manipulação de fotos, as hashtags virais, a realidade virtual e muito mais.

Então nos voltamos aos nossos aparelhos repetidamente, como viciados em heroína.

Nosso mundo se tornou uma fonte constante de informação e entretenimento. Levamos nossos telefones conosco em todos os lugares que vamos. Nós nos conectamos à internet sem fio de milhares de localidades. Somos alimentados implacavelmente com mensagens de propagandas em todos os lugares que olhamos. E somos bombardeados com um ciclo de notícias de 24 horas.

Cada pedaço de informação entra em nossas mentes com um objetivo: ganhar o controle de nossa atenção e recursos. Ao mesmo tempo, isso tira nossa atenção do trabalho bem à nossa frente. Igualmente importante, as distrações tecnológicas nos impedem de perceber a vida que realmente desejamos viver... no entanto, essas distrações passam praticamente despercebidas.

Nunca esperávamos que a tecnologia se tornasse tão difundida em nossas vidas. E enquanto apreciamos seus benefícios, nós nos perguntamos, com razão, o que essas vantagens estão nos custando. O cientista da computação Cal Newport escreveu:

> Essas tecnologias como um todo conseguiram se expandir além das funções menores para as quais as adotamos

inicialmente. Cada vez mais, elas ditam como nos comportamos e como nos sentimos, e de alguma forma nos coagem a usá-las mais do que pensamos ser saudável, muitas vezes à custa de outras atividades que consideramos mais valiosas. O que está nos deixando desconfortáveis, em outras palavras, é essa sensação de *perder o controle* — uma sensação que se manifesta de uma dúzia de maneiras diferentes a cada dia, como quando desligamos o telefone durante a hora do banho do nosso filho ou perdemos nossa capacidade de desfrutar de um momento agradável sem um desejo frenético de documentá-lo para uma audiência virtual.

Não se trata de utilidade, trata-se de autonomia.[1]

Como, então, reconhecemos essas grandes — porém sutis — distrações em nossas vidas? Como vamos avaliar regularmente o caminho de nossas vidas para garantir que estamos buscando e investindo nas coisas que são mais significativas? Talvez não seja tão difícil quanto imaginamos. Talvez exija apenas um pouco de intencionalidade e esforço. E, muitas vezes, perceber o que está acontecendo é o primeiro passo.

Como o Uso de Telas Nos Distrai do Propósito

Nossa pesquisa "O que Realmente Importa" perguntou: "Quanto a distração da tecnologia (jogos/redes sociais/conectividade) o impede de cumprir seu propósito na vida?" Um total de 57% dos entrevistados respondeu "um pouco" ou "muito".

Os outros 43% podem não estar levando em conta o quanto a tecnologia está se intrometendo em suas vidas.

De acordo com o Relatório de Audiência Total da Nielsen de agosto de 2020, o tempo médio que um adulto norte-americano gastou consumindo mídias naquele ano totalizou 12 horas e 21 minutos por dia. Caso não tenha notado, isso é *um pouco mais da metade do número de horas em um dia e cerca de 3/4 das horas que ficamos acordados.* As duas maiores categorias foram os smartphones, com 3 horas e 46 minutos por dia, e a televisão, com 3 horas e 43 minutos por dia.[2] Em média, as pessoas abrem seus telefones 58 vezes por dia (30 delas durante a jornada de trabalho), com a maioria das sessões com duração inferior a dois minutos.[3]

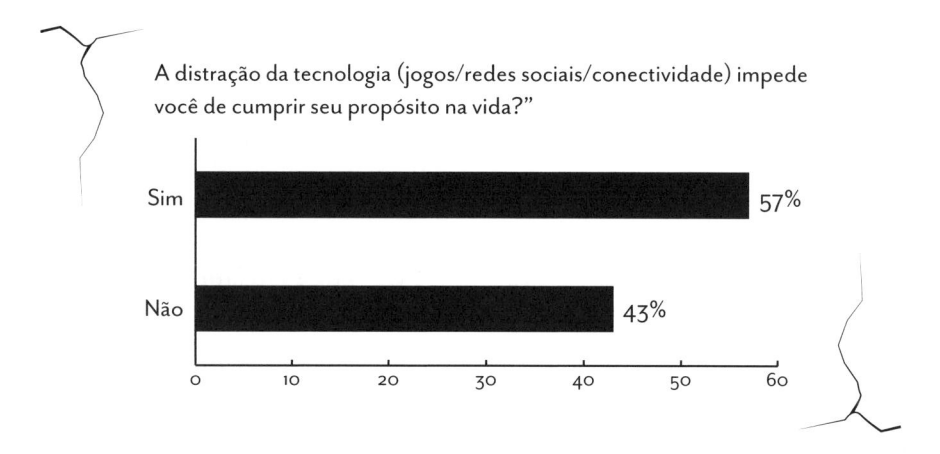

A distração da tecnologia (jogos/redes sociais/conectividade) impede você de cumprir seu propósito na vida?"

- Sim — 57%
- Não — 43%

Os números são semelhantes no Reino Unido, e até um pouco piores. Pesquisas descobriram que os britânicos gastam mais de 4.866 horas por ano (ou mais de 13 horas por dia) em seus aparelhos. Isso equivale a 301.733 horas — ou *34 anos* — ao longo da vida.

Quanto tempo *você* gasta em seus dispositivos? Mais importante: você já pensou em quanto disso é produtivo e quanto é prejudicial à sua produtividade?

Coisas que realmente importam geralmente demandam tempo, energia e concentração. Dedicar nosso tempo a assistir a filmes na TV ou vencer os próximos dez níveis de *Candy Crush* realmente vale a pena? Pode ser que sim, se nos der algum alívio muito necessário de nossos estresses da vida real. Provavelmente não é o caso, no entanto, se essas distrações se tornaram um estilo de vida e estão nos afastando das atividades que identificamos como mais significativas para nós.

E aqui está como isso acontece:

1. O Uso Excessivo da Tecnologia Rouba Seu Tempo

Uma das desculpas mais comuns para não ir atrás de seus objetivos na vida é "não tenho tempo". E cada uma das distrações que vimos neste livro é algo que rouba o seu tempo. Mas o pior de tudo nesse aspecto é a tecnologia.

Se você é como muitas pessoas, está gastando até 3/4 do tempo que fica acordado interagindo com a tecnologia. Isso provavelmente inclui as horas do dia em que você está mais alerta e pode ser mais produtivo. Reduza o tempo de tela e terá dado o passo mais eficaz para abrir mais tempo para atividades mais significativas.

2. O Uso Excessivo da Tecnologia Faz Você Se Sentir Mal Consigo Mesmo

Isso vale para grande parte do entretenimento e da propaganda, mas o pior infrator aqui são as redes sociais. Além de permitir que você acompanhe os amigos, ela pode facilmente fazer você desejar ter a vida de outra pessoa.

Vamos ser honestos? Tudo que todo mundo está postando nas redes sociais é ficção. Ninguém posta fotos sentado no sofá comendo batatas fritas em uma casa vazia enquanto assiste à televisão (a menos que esteja assistindo ao novo programa de sucesso). A maioria das pessoas publica apenas os bons destaques de suas vidas.

Então, se você se encontrar rolando a linha do tempo das redes sociais constantemente e experimentando descontentamento com sua própria vida — desejando ter uma casa maior, férias mais luxuosas, um lugar melhor em um show, uma família mais atraente ou uma bolsa mais chique —, você pode ter caído no feitiço da ficção da tecnologia. Deixe isso de lado, porque você só pode criar uma versão sua nova, mais cheia de propósito e significativa se permanecer na não ficção de sua vida.

3. O Uso Excessivo da Tecnologia Deixa Você Mais Fraco

Nossos dispositivos oferecem benefícios, mas também cobram custos. A evidência médica está ali: uma grande quantidade de tempo de tela pode reestruturar seu cérebro, com efeitos que incluem "atrofia da massa cinzenta, problemas com a capacidade de comunicação da massa branca, muito mais desejos e desempenho cognitivo geral mais fraco"[4]. Na verdade, "quanto mais tempo você gasta [olhando para uma tela], maior o risco de depressão".[5] Assistir demais às notícias está associado à ansiedade.[6] Outros efeitos físicos do excesso de tempo perante a tela incluem fadiga ocular, ganho de peso, isolamento, redução da capacidade de resposta emocional e padrões de sono interrompidos. Grandes quantidades de tempo de tela podem até aumentar o risco de mortalidade — segundo um estudo, em até 52%.[7]

Assustador, não é?

Contudo, pense no outro lado: reduzir o tempo de tela pode torná-lo mais saudável e emocionalmente mais estável e proporcionar uma mente mais clara. Por que não estar no seu melhor para ir atrás dos objetivos que você considera os melhores?

4. O Uso Excessivo da Tecnologia Torna Você Menos Eficaz no Trabalho

Mesmo se estivermos usando nossos dispositivos para fins estritamente profissionais durante o trabalho, se o fizermos de maneira ineficiente, isso pode ter um custo surpreendentemente alto. Um estudo que investigou o impacto das interrupções no trabalho mostrou que, em média, os participantes levaram cerca de 23 minutos para voltar à tarefa após uma distração.[8] Então, potencialmente, aquele e-mail para o qual você desviou sua atenção no meio de outro trabalho poderia significar 23 minutos de tempo perdido para perseguir algo mais significativo.

E também há a maneira como a tecnologia está afetando nossa capacidade de concentração e pensamento de longo prazo — habilidades vitais no trabalho e na vida. Nicholas Carr, autor de *A Geração Superficial: O que a Internet Está Fazendo Com os Nossos Cérebros*, disse:

> O que estamos trocando pelas riquezas da internet — e apenas um rabugento se recusaria a enxergar essas riquezas — é o que [o blogueiro Scott] Karp chama de "nosso velho processo de pensamento linear". A mente linear calma, focada e sem distrações está sendo deixada de lado por um novo tipo de mente

que quer e precisa receber e distribuir informações em rajadas curtas, desconexas e muitas vezes sobrepostas — quanto mais rápido, melhor.[9]

Cal Newport compartilhou essa opinião dizendo que, por mais valiosa que nossa conexão digital possa ser, não podemos perder a capacidade de fazer o que ele chama de "trabalho profundo" — a capacidade de se concentrar sem distração em uma tarefa cognitivamente exigente.[10]

Como vimos no capítulo anterior, o trabalho está intimamente relacionado ao nosso propósito e objetivos na vida, e mesmo que o lugar de onde recebemos nosso salário não seja o emprego dos nossos sonhos, ele merece o nosso melhor porque é uma maneira de amar e servir os outros. Controlar nosso uso desnecessário de tecnologia no trabalho é uma maneira *imediata* e *garantida* de estar mais presente no trabalho.

A tecnologia é a última distração que estamos vendo em O *que Realmente Importa* — o último obstáculo que deve ser removido. Ao contrário de distrações como o medo e a busca egoísta da felicidade, a tecnologia vem de fora, e não de dentro. Entretanto, ela tem uma maneira perniciosa de entrar em nós e mudar nossas mentes, corações e vontades. Ela é difundida e influente a ponto de não podermos assumir que está tudo bem ou que podemos lidar com isso. Temos que decidir quem será o mestre em nossas vidas — nós ou a tecnologia.

De acordo com o escritor de negócios Eric Barker, Newport "acha que a capacidade de manter o foco será a superpotência do século XXI".[11] Considere o quanto a tecnologia o está deixando desfocado, e acho que você começará a concordar que ele não está exagerando.

O Lado Sombrio da Tecnologia

Bonnie Dumaine é a mãe amorosa de dois adolescentes e vive em Hershey, na Pensilvânia, onde ela e o marido são monitores em uma escola local. Ao descrever como a tecnologia a estava influenciando e as pessoas ao seu redor, ela me disse:

Quanto mais eu pesava a influência da tecnologia na minha vida, mais eu começava a ver o lado prejudicial. Por exemplo, notei que ficar rolando a tela nas redes sociais todos os dias afetava negativamente minha perspectiva, minha autoestima, meu foco e meu humor. Percebo que todo mundo está postando quase que exclusivamente apenas os aspectos positivos de suas vidas, mas ainda é difícil escapar dos sentimentos de inveja, comparação e tristeza por minha realidade não poder competir com o que vejo.

Entre o trabalho e a família, Bonnie é uma mulher ocupada. A tecnologia não é sua amiga quando ocupa toda sua agenda.

Ela disse: "A disponibilidade constante da Netflix, do Hulu e outros serviços de streaming me distrai de ser produtiva e muitas vezes me prende fazendo com que eu assista a vários programas de forma viciante. Eu procrastino coisas que realmente preciso fazer e depois me sinto culpada. Ou fico acordada até tarde e não estou no meu melhor estado pela manhã. Mesmo os jogos, que parecem uma diversão diminuta, muitas vezes consomem meu tempo e atenção mais do que quero."

Bonnie notou que a tecnologia também impacta seus amigos e familiares, e disse:

Vejo meus amigos tentando acompanhar as últimas tendências, que mudam constantemente. Meu marido e eu estamos sempre ajudando nossos pais a aprenderem a usar as últimas tecnologias ou atualizações mais recentes. E meus filhos, que não tocam em brinquedos há anos, veem notícias e tendências de estilo de vida de hora em hora, publicam coisas e depois excluem devido a inseguranças e temem que estejam ficando para trás se passarem um curto período de tempo sem estarem conectados ao celular. Eles passam menos tempo com as pessoas, porque estão "com os amigos" em um jogo online ou em um aplicativo o tempo todo.

Esta mulher está alerta o suficiente para ver que ela e aqueles com quem ela mais se importa estão perdendo o controle de suas vidas devido ao apelo da tecnologia. Acho que a maioria de nós pode se identificar prontamente com as reações dela. É hora de ter medo, muito medo.

Projetado para Ser Viciante

Em *Minimalismo Digital*, Cal Newport disse: "Adicionamos novas tecnologias à periferia de nossa experiência por razões menores, então acordamos uma manhã e descobrimos que elas haviam colonizado o núcleo de nossa vida diária. Em outras palavras, não optamos por entrar nesse mundo digital em que estamos atolados atualmente; *parece que trombamos nele, dando ré.*"[12] Trombando nele — isso parece exatamente como eu me envolvi com blogs e com as redes sociais.

Trombar parece algo inofensivo, quase pitoresco. Mas não é. Nosso vício em tecnologia é uma coisa séria.

Newport forneceu uma classificação interessante para o que acabara de dizer: "Provavelmente é mais correto dizer que fomos *empurrados* nessa direção por empresas de dispositivos de ponta e conglomerados do 'mercado de atenção', que descobriram que há vastas fortunas a serem feitas em uma cultura dominada por aparelhos e aplicativos."[13]

Por que estamos gastando tanto tempo em nossos dispositivos? Porque algumas das pessoas mais inteligentes do mundo estão trabalhando duro para garantir que isso aconteça. A jornalista de negócios Lydia Belanger disse:

> De notificações na tela e lembretes a programas de avaliação e recompensas, a tecnologia tem o poder de incentivá-lo a pensar e agir de maneiras específicas, em momentos específicos.
>
> O design viciante mantém você cativo, os algoritmos filtram as ideias e opções às quais você é exposto e a trilha de dados que você deixa para trás volta para assombrá-lo (ou direcioná--lo) mais tarde.[14]

Os designers de tecnologia sabem o que estão fazendo quando nos dão cores, luzes e sons simples e feedback tátil (vibrações ou outros movimentos que sentimos). Outras técnicas incluem anúncios personalizados que passaram por testes A/B em tempo real diversas vezes, vídeos recomendados, esquema de razão variável (recompensas aleatórias, como as dos caça-níqueis), novos níveis e conquistas e reciprocidade social (por exemplo, se você adicionar alguém à sua rede do LinkedIn, poderá ter acesso às suas conexões).[15]

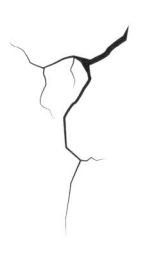

Por que estamos gastando tanto tempo em nossos dispositivos? Porque algumas das pessoas mais inteligentes do mundo estão trabalhando duro para garantir que isso aconteça.

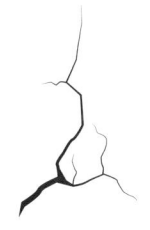

Adam Alter, um professor de Psicologia e Marketing da NYU, disse que nossa absorção com a tecnologia é diretamente comparável aos vícios em substâncias. É um vício comportamental. "A era do vício comportamental ainda está começando", escreveu, "mas os primeiros sinais apontam para uma crise. Os vícios são prejudiciais porque excluem outras atividades essenciais, desde trabalho e lazer até higiene básica e interação social".[16]

Nir Eyal escreveu um livro chamado *Hooked (Engajado): Como construir produtos e serviços formadores de hábitos*. Em outras palavras, ele escreveu um livro didático que muitas empresas estão usando para atrair e prender nossa atenção, tornando aquilo que é uma distração para nós uma fonte de lucro para elas.

Ele negociou com heroína.

E também está vendendo metadona.

Digo isso porque seu próximo livro se chama *Indistraível: Como Dominar sua Atenção e Assumir o Controle de sua Vida*. Ele é sobre como resistir aos produtos viciantes que outros produzem para que você possa realizar um pouco do seu trabalho e desfrutar de alguma autonomia.

Abordando a ironia resultante de se colocar seus dois livros lado a lado, Eyal escreveu:

> As empresas que tornam seus produtos mais atraentes não são necessariamente um problema — isso é um progresso.
>
> Contudo, também há um lado sombrio. Como o filósofo Paul Virilio escreveu: "Quando você inventa o navio, você também inventa o naufrágio." No caso de produtos e serviços intuitivos, o que torna alguns deles atraentes e fáceis de usar também pode torná-los distrativos.
>
> Para muitas pessoas, essas distrações podem sair do controle, deixando-nos com a sensação de que nossas decisões não são nossas. O fato é que, nos dias de hoje, se você não estiver preparado para administrar a distração, seu cérebro será manipulado por desvios que desperdiçam tempo.[17]

Eyal continuou apontando que essa engenharia digital pode ter um efeito perigoso na sociedade como um todo.

Tristan Harris, um ex-especialista em ética de design do Google, comentou isso desta forma: "Um modelo de negócios que é infundido na infraestrutura de comunicação social da qual 3 bilhões de pessoas vivem e da qual dependem, está desalinhado com o tecido da sociedade e representa especificamente um tipo de ameaça existencial à democracia e a uma sociedade em funcionamento."[18]

A ameaça existencial da tecnologia para a sociedade reflete sua ameaça existencial para o tipo de pessoa que queremos nos tornar. Estou preocupado que, quando cedemos demais a ela, vivendo vidas não intencionais distraídos por nossos aparelhos, chegaremos aos nossos últimos dias e nos perguntaremos por que perdemos tanto tempo.

Se a tecnologia se tornou tirânica em nossas vidas, é em grande parte porque os especialistas fizeram isso deliberadamente. Porém, em vez de culpar os outros (não há oportunidade de mudança na culpa), vamos assumir a responsabilidade por nosso papel ao nos submetermos à tirania da tecnologia. E vamos trabalhar para nos livrarmos da influência de todos aqueles engenhosos dispositivos com suas luzes piscantes.

A Insurgência Começa Aqui

Se a tirania da tecnologia está distraindo-o de buscar as coisas que são significativas para você — ou mesmo se você está cansado de ser manipulado pelos mestres da mídia e do entretenimento —, tenho uma palavra para você: *rebelião.*

Vamos abrir nossos olhos para o que está acontecendo e ousar controlar a tecnologia em nossas vidas, em vez de deixar que ela nos controle. E vamos fazer isso com um propósito maior em mente: focar mais as coisas que mais importam. Vamos usar orgulhosamente o rótulo de *rebeldes tecnológicos* e recuperar nossas vidas e futuros.

Não se trata essencialmente de encontrar truques, como desativar notificações ou usar um aplicativo para monitorar o uso de outros aplicativos — embora haja espaço para tudo isso, e vamos chegar a essa parte. O mais importante são as estratégias para derrubar a influência emocional e psicológica que nossos dispositivos têm sobre nós.

Rebele-se contra a tirania da tecnologia.

Faça um Detox Digital

Uma vez por ano, faço uma pausa prolongada da tecnologia. Quando faço um "jejum" de tecnologia, inevitavelmente descubro que estou mais viciado do que pensava. Porém essa é a natureza do vício, não é? Nunca conseguimos perceber completamente nosso nível de dependência até que o item seja retirado. A única maneira de realmente descobrir a influência controladora da tecnologia em nossas vidas é desligar o aparelho, afastar-se e sentir quão forte é a atração que sentimos para ligá-lo novamente. Cada vez que faço uma desintoxicação digital, ela prova ser uma limpeza poderosa para mim em meu relacionamento com a tecnologia e suas ofertas.

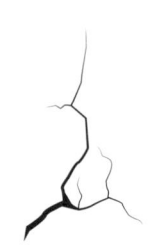

> A única maneira de realmente descobrir a influência controladora da tecnologia em nossas vidas é desligar o aparelho, afastar-se e sentir quão forte é a atração para ligá-lo novamente.

Nunca tive sensibilidade ou intolerância alimentar, como a laticínios ou ao glúten, mas tenho amigos com esse tipo de desafio. Eles geralmente passam por um período em que permanecem "limpos", no qual não comem a comida que suspeitam estar causando problemas — nem uma gota ou uma migalha. Em seguida, reintroduzem o alimento lentamente, para ver como ele os afeta. A partir daí, eles podem decidir qual caminho é melhor.

Isso é o que eu recomendo para você fazer com sua tecnologia pessoal. Dar um tempo. Em seguida, reintroduza-a lentamente a um nível saudável — e pare por aí.

Que tal começar com um detox digital de 29 dias? Claro, você pode fazer isso com sucesso por um período de tempo diferente, mas observei que 29 dias parecem dar à maioria das pessoas a quantidade certa de tempo para se abster da tecnologia e assim obter uma nova perspectiva sobre ela.

Quando estiver fazendo seu detox digital, torne-o o mais abrangente possível. Sei que há exceções. Talvez você precise usar e-mail e mensagens de texto para o trabalho. Talvez tenha filhos adolescentes que têm carteira de motorista e queira manter o celular ligado quando eles estiverem fora de casa. No entanto, mesmo assim, durante o detox, você consegue sair totalmente das redes sociais? Ou desligar a televisão completamente? Ou não jogar nenhuma partida de videogame? Ou consegue deixar que as manchetes de notícias gritem desgraças sem prestar atenção a elas? (Você vai ficar bem, confie em mim).

Quanto mais puder cortar, mais eficaz será este exercício. E não desista antes que os 29 dias terminem. Esta é a rebelião de que estamos falando aqui, afinal. Não seja um insurgente tecnológico fraco.

Cinco Sinais de que Você Pode Precisar de um Detox Digital

1. Você passa mais tempo em seus dispositivos do que pretende.

A tecnologia pode ser como areia movediça — pegajosa e difícil de escapar. Não somos pegos por um artigo e passamos para outro artigo, comentário ou compartilhamento? Você clica em um artigo que deve lhe tomar apenas de cinco a dez minutos, mas e se você continuar rolando o feed de notícias do Facebook depois? Antes que perceba, você passou de quinze a vinte minutos rolando a tela sem notar.

O desperdício de tempo é uma consequência direta e óbvia da atração embutida em jogos, sites e aplicativos. Pode ser mais fácil para você interromper completamente esse hábito e depois começar de novo, em vez de apenas tentar refreá-lo.

2. Você sente culpa ou insatisfação depois de passar algum tempo com seus dispositivos eletrônicos.

Quando eu como um saco de batatas fritas, sinto imediatamente o sal na minha língua. No fim, a salinidade diminui e os óleos permanecem. O resíduo gruda na ponta dos meus dedos. Porém, quando como demais dessas comidas cheias de calorias e vazias de nutrientes, eu me sinto insatisfeito.

O uso da tecnologia tem uma curva de recompensa-arrependimento semelhante. Cada site e artigo fornecem um pouco de gratificação instantânea. Na verdade, muitos fazem isso, e tendo a me arrepender quando uso meu tempo assim.

Se você está cheio de emoções negativas depois de passar um tempo usando tecnologia, esta é uma dica não tão sutil de que você precisa fazer uma pausa tecnológica.

3. Você é motivado pelo medo de perder.

FOMO, ou Fear of Missing Out [Medo de Ficar de Fora, em tradução livre], é uma forma reconhecida de ansiedade social que piorou em nossos dias. É a preocupação de que outras pessoas possam estar se divertindo online enquanto você não está lá. *Se eu não estiver assistindo a esse vídeo ou rolando esse feed, serei o perdedor que não está por dentro da coisa legal que está acontecendo.*

A verdade é que você sempre vai ficar de fora de alguma coisa. Há sempre mais coisas de que podemos participar, mas o tempo é limitado e estar mais ocupado não é a resposta. Para ensinar a si mesmo essa verdade, faça a subversão e deliberadamente fique de fora da comunicação e do entretenimento.

Durante seu "jejum" de 29 dias da tecnologia, você pode dar às pessoas mais importantes uma maneira de entrar em contato com você em caso de emergência. Todo o resto pode apenas esperar.

4. Você sente vontade de checar constantemente.

O pequeno símbolo vermelho diz que você tem quinze novos e-mails. E se forem importantes? É melhor você checar agora!

Sim, você estava no Facebook apenas meia hora atrás. Porém muita coisa apareceu no seu feed nesse período.

Você já examinou as manchetes do seu canal de notícias favorito várias vezes, mas desde a última vez, um "alerta de notícias de última hora" pode ter começado a rolar na caixa de seleção.

Descubra quanto mais você pode fazer se parar de interromper sua própria concentração — e quão desnecessária é a maior parte de toda essa informação que você ficava checando obsessivamente.

5. Você nunca tem tempo suficiente no seu dia.

Uma vez eu estava conversando com meus filhos no balcão da cozinha sobre a distração da tecnologia. Eles pegaram seus telefones e relataram o tempo de tela e os aplicativos mais usados.

"E você, pai?", disse Salem. Claro, para ser justo, tive que verificar também.

O que encontrei ainda me assombra. Eu havia pegado meu telefone mais de cinquenta vezes naquele dia. Havia passado mais de duas horas no aplicativo de e-mail, redes sociais, mensagens de texto e navegação na web. Embora muito disso fosse para trabalho, ainda era bem mais do que eu teria imaginado ou poderia ter justificado.

No final do dia, não é incomum sentir que você esteve incrivelmente ocupado. A ocupação e o estresse são reais, mas, se reduzisse o uso de tecnologia, será que isso o ajudaria a se sentir mais calmo e mais disponível para o que importa?

Escolha Contribuição em Vez de Consumo

Deixe-me fazer uma pergunta poderosa para ajudá-lo a restabelecer seus hábitos de uso da tecnologia de uma maneira melhor após seu detox digital: *Quando estou online, estou contribuindo com algo útil para o mundo ou estou apenas consumindo coisas com as quais outros contribuíram?*

Você já pensou como a maior parte do nosso tempo com a tecnologia é passivo? Estamos lendo o texto que outra pessoa escreveu. Estamos assistindo a vídeos que outra pessoa gravou. Estamos jogando um jogo que outra pessoa criou — literalmente jogando de acordo com as regras dos outros.

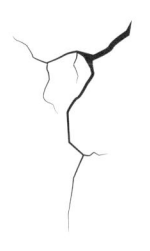

> *Quando estou online, estou contribuindo com algo útil para o mundo ou estou apenas consumindo coisas com as quais outros contribuíram?*

Consumir mídia constantemente sem contribuir muito é parte grande de nossa situação atual de ser mais um servo do que um agente livre, quando se trata de tecnologia.

Novamente, pode não haver nada de errado em assistir a um evento esportivo na TV ou assistir a vídeos engraçados com seus filhos. Porém é muito fácil exagerar na dose. Imagino que tenha algo a ver com o fato de que consumir demanda menos energia mental do que contribuir. Além disso, se tivermos estresse, isso pode nos acalmar, tornando-se o tipo de distração que procuramos.

Essa lista está ficando um pouco pessoal? Para mim, está. Porém não se trata de se sentir culpado — trata-se de encampar uma revolta contra o poder dessas atividades de nos sugar e consumir nosso tempo.

Se você for acessar a internet, enfatize atividades criativas ou a contribuição com algo que valha a pena:

- Crie blogs que expressem ideias úteis.
- Compartilhe suas fotos ou obras artísticas de maneira que não promova intencionalmente a inveja.
- Aprenda algo que você possa usar.
- Ensine algo em que você é especialista.
- Encoraje um amigo que está para baixo.
- Publique imagens ou citações que inspirem outras pessoas.
- Curta um post (curtidas são gratuitas, e cada uma é como um pequeno presente de afirmação).
- Envie uma mensagem para alguém que está sozinho.
- Compartilhe um artigo que traga insights.
- Recomende filmes ou livros de valor (e para começar: #livrooquerealmenteimporta).
- Crie uma campanha de arrecadação de fundos para uma causa.
- Comunique as necessidades de outras pessoas, como um vizinho que está doente e precisa de refeições prontas.
- Poste fotos de pertences que deseje doar.

Se o que você faz contribui para o bem dos outros em seu tempo online, então é um tempo bem gasto. Você pode até ajudar a mudar a cultura das plataformas que usa, pelo menos para seus amigos e seu círculo de influência, escolhendo contribuir com mensagens positivas — é isso que tento fazer. Em vez de ser um observador passivo, crie uma mudança positiva.

Afinal, no fim de nossas vidas, desejamos poder olhar para nossas escolhas com orgulho. Isso inclui as escolhas que fizemos de usar a tecnologia de forma positiva.

Veja a Tecnologia Mais como uma Ferramenta do que como um Brinquedo

Não há nada de errado em assistir a um episódio de *The Office* à noite... A menos que seja exatamente quando sua filha quer lhe contar sobre o dia dela.

Ninguém pode culpá-lo por fazer uma pausa no trabalho para ler uma notícia... A menos que você tenha um prazo estourando ou haja uma oportunidade de impacto significativa à frente.

Assistir ao futebol aos domingos não é imoral... Mas deixar sua família três noites por semana para sair com os amigos no bar de esportes provavelmente é.

Às vezes, o entretenimento é uma distração bem merecida de um estilo de vida focado. Outras vezes é uma fuga injustificável da vida em si.

Então, depois de escolher a contribuição em vez do consumo, outro princípio para ajudá-lo a restabelecer sua relação com a tecnologia de forma mais saudável é usá-la menos como brinquedo e mais como ferramenta. Em outras palavras, concentre a redução do seu tempo interagindo com a tecnologia no uso para entretenimento, principalmente diversões bobas.

Por exemplo...

- E-mails e mensagens mantendo seus relacionamentos com familiares distantes: sim.
- Horas gastas assistindo a vídeos de pegadinhas: não.

- Pesquisa online sobre uma área em que você deseja aprimorar seus conhecimentos profissionais: sim.

- Procurar artigos de opinião que você sabe que só o vão deixar com raiva e depois atacar os autores nos comentários: não.

Só você pode decidir quanto tempo é razoável dedicar ao entretenimento sem valor que o diverte. Só você pode decidir como a tecnologia pode ajudá-lo a se tornar uma pessoa melhor e um batalhador mais eficaz para sua causa. Entretanto, lembre-se disso: um rebelde tecnológico ganha poder rejeitando o trivial, o superficial, o frívolo, o odioso, o pecaminoso, o imbecil e o mesquinho. Não alimente o monstro que está esperando para devorá-lo.

Use Dicas e Truques

Inúmeros blogs e artigos oferecem dicas e truques para pôr rédeas na tecnologia. Talvez você tenha tentado alguns deles e não tenha obtido muito sucesso. Talvez a razão pela qual eles não funcionaram no passado seja que você não tenha lutado com as filosofias mais profundas subjacentes a eles. Encorajo você a experimentá-los novamente.

Porém, primeiro, comece com o detox digital de 29 dias. E então pense no potencial de contribuir na internet em vez de apenas consumir e usar a tecnologia mais como ferramenta do que como brinquedo. Em seguida, tente adicionar uma ou duas dessas dicas à sua vida para ajudá-lo a ter sucesso e permanecer dentro de limites saudáveis.

Alguns dos métodos práticos que as pessoas usaram com sucesso incluem coisas como:

- Criar o hábito de guardar o telefone quando chegar em casa.

- Criar áreas livres de tecnologia em sua casa.

- Desativar notificações.

- Verificar e-mails apenas duas vezes por dia.

- Reduzir a quantidade de aplicativos na página inicial do seu telefone.

⚡ Usar um aplicativo para desligar um dispositivo após um determinado período de tempo.

⚡ E muito mais.

Não há um conjunto de orientações que funcione para todo mundo. Além disso, à medida que a tecnologia muda com o tempo, também mudam as técnicas que rebeldes como nós precisam usar para combatê-la.

Portanto, estabeleça regras para si mesmo. Seja seu próprio guardião. Escolha como usará a tecnologia em vez de deixar que os titãs da tecnologia escolham por você. Faça mais coisas que o façam esquecer de checar o telefone.

Para orientações mais específicas, recomendo os livros *Minimalismo Digital* e *Um Mundo sem E-mail*, de Cal Newport.

Vida sem Redes Sociais: É Possível?

Kinsley Smith é mãe de quatro filhos pequenos em uma pequena cidade da Pensilvânia. Em 2017, ela fez algo que muitos de nós consideraríamos inimaginável: ela saiu das redes sociais para sempre e nunca mais olhou para trás.

Alguns podem descrever Kinsley com uma perfeccionista clássica. Ela se formou como a melhor da turma em medicina e começou a fazer mestrado, enquanto atuava como diretora-executiva de um centro comunitário local. Então seu primeiro filho nasceu, e ela escolheu seguir com a maternidade em tempo integral em vez de um emprego em tempo integral. No início, era apenas uma decisão temporária. "Meu marido estava em um emprego estável", disse ela, "então decidi que tiraria um ano de folga do trabalho e me tornaria dona de casa. No final daquele ano, engravidei do nosso segundo filho e decidi que ficar em casa com meus filhos era o trabalho mais importante que eu poderia fazer naquela fase da vida".

Porém cuidar dos filhos em tempo integral é um trabalho árduo e estressante, e não é uma transição fácil deixar de ser uma profissional pública altamente eficiente com ampla liberdade para ser uma dona de casa cuja agenda diária é definida por dois pequenos seres humanos que não podem nem falar.

Quando perguntei a ela como foi, Kinsley me disse:

> Eu me peguei recorrendo cada vez mais ao meu telefone para quebrar essa tensão — recorrendo às mídias sociais na esperança de trazer um pouco de calma para minha vida. Às vezes até me esgueirando para o banheiro para ter um momento sozinha.
>
> Contudo, as redes sociais nunca trouxeram o alívio que eu desejava. Na verdade, só pioraram coisas. Eu olhava as redes sociais e via muitos dos meus amigos da escola vivendo a vida que eu achava que queria. Vi as viagens de férias que eles estavam fazendo. Eu sentia que isso me deixava com inveja e mal humorada.
>
> Lembro-me de uma tarde em que coloquei meu filho mais velho para dormir e comecei a alimentar o mais novo. No silêncio, peguei meu telefone e comecei a rolar o feed. Em um momento, eu olhei para baixo e meu bebê estava olhando para mim. Porém eu nem tinha percebido, porque estava observando o feed.
>
> Sabia que aquela não era a mãe que eu queria ser. Quando meu bebê olhou no meu rosto, eu queria que ele visse meus olhos olhando para ele. E eu não queria que meus filhos sentissem que me irritavam toda vez que interrompiam a mamãe no telefone.
>
> A princípio, o plano era sair de todas as redes sociais por três meses. Durante os três meses iniciais, muitas vezes me vi desejando pegar meu telefone. Inúmeras vezes eu só queria fazer login para ver o que estava acontecendo. Contudo, isso foi um alarme para mim de que meu relacionamento com as redes sociais não era saudável. Então decidi estender meu experimento para um ano. E depois permanentemente.

Nem todas as desintoxicações digitais vão terminar em uma separação permanente das mídias sociais. Porém, no caso de Kinsley, valeu a pena:

> Estou muito mais feliz e aproveito muito mais a minha vida agora. Eu não percebia como minha alma havia ficado intensa — como sentimentos de inveja, competição e inadequação estavam presentes em minha vida por causa das redes sociais. Ou quanta pressão eu estava colocando em mim mesma tentando focar todos os tópicos e questões que influenciadores e outras pessoas que eu conhecia estavam me dizendo que precisavam ser importantes para mim. Agora sou capaz de me concentrar melhor no que é mais importante para mim.

Desligar para Ligar

Lembre-se: você não está apenas se rebelando contra a tirania da tecnologia em sua vida. Você está lutando pelas pessoas e causas que mais significam para você.

Embora distrações triviais não sejam novas (a televisão existe há setenta anos; o rádio, há cem), muitas das maneiras pelas quais a tecnologia nos distrai de coisas importantes são novas tentações que estamos enfrentando. E precisamos controlá-las em nossas próprias vidas, antes que elas nos controlem.

Uma coisa é certa: os líderes da tecnologia não vão parar de guerrear par ter o nosso foco, nosso tempo e nosso dinheiro. Devemos aprender a batalhar de volta de maneira responsável se quisermos viver vidas que importam.

Quero reiterar que acredito que a tecnologia pode ser usada para o bem. Este não é um capítulo sobre removê-la inteiramente de nossas vidas. Como apontei, de muitas maneiras, estou fazendo o que faço hoje apenas por causa da tecnologia. E se você está lendo este livro porque me conheceu por meio do meu blog, do meu canal no YouTube ou feeds das redes sociais, você é um exemplo de como a tecnologia tem desempenhado um papel importante em fazer a diferença no mundo.

No entanto, vamos colocar isso em perspectiva. Quando as pessoas aprenderam a fazer fogo, a humanidade teve que se ajustar. Aqui estava essa ferramenta incrível com infinitas possibilidades de iluminar a noite, aquecer o corpo, cozinhar alimentos, desinfetar água e forjar aço. No entanto, ele também pode queimar nossa carne, consumir colheitas e destruir cidades e florestas inteiras com seu poder. O fogo pode ser usado como uma ferramenta para aprimorar e melhorar a vida. Ou, se não for controlado, pode destruir a vida.

Enfrentamos um ponto de virada semelhante no mundo de hoje em relação à tecnologia. Sem dúvida, haverá um período de avaliação do que é saudável e vale a pena quando se trata de tecnologia, novas mídias e redes sociais. E haverá um período de avaliação do que é insalubre e que rouba nossa alma. Minha suposição é que a humanidade acabará aprendendo a usá-la para o bem, como fizemos com avanços sociais anteriores. Porém, enquanto isso, devemos fazer o que pudermos para usar a tecnologia como uma ferramenta que traga significado em vez de distração.

Traga intencionalidade para cada plataforma tecnológica e interação que você encontrar. Faça pausas significativas para reavaliar o papel dela em sua vida e ver se desligar seus dispositivos não seria uma maneira de potencializar seu propósito.

Rebele-se contra as motivações sombrias das empresas de tecnologia que lucram com sua atenção e informações. E, no final, use a tecnologia para promover coisas que realmente importam, em vez de se distrair delas.

PARTE 4

FIM DO LIVRO, COMEÇO DE UMA VIDA MAIS SIGNIFICATIVA

11

Viva a História que Você Quer que Seja Contada

E Espere Surpresas

> Procure bem no fundo, de todo o coração, e você vai encontrar uma ânsia por sentido, uma busca por propósito. Tão certo quanto respirar, todo jovem um dia vai se perguntar: *"Qual é o propósito da minha vida?"*
>
> — MAX LUCADO, CONECTADOS COM DEUS

Considere este último capítulo como sendo eu basicamente estendendo minha mão para apertar a sua. Parabéns! Você começou a lidar com os *maiores impedimentos* para alcançar as *coisas mais importantes* da sua vida. É difícil, para mim, pensar em alguma coisa mais recompensadora do que isso. E você sabe tão bem quanto eu que não é todo mundo que está disposto — ou pelo menos preparado nesse momento — para fazer o esforço de descobrir como alinhar seu estilo de vida com suas intenções. Contudo, *você* está fazendo isso. Por um momento, desfrute de um brilho de satisfação por ter chegado tão longe.

Os obstáculos internos do medo, da culpa e da vergonha... Procurar felicidade na busca por desejos egoístas... As tentações de se apegar ao dinheiro que outras pessoas podem estar precisando mais do que nós e encher nossas vidas de coisas que atrapalham nossa objetividade... O jeito que nosso curso de vida pode ser alterado ao vivermos esperando a aclamação dos outros e ao pensar que o lazer é tudo o que há... E, claro, todos esses aparelhos eletrônicos que permitimos que atravessem nossa atenção o dia todo. Essas são as coisas cuja verdadeira natureza lhe foi revelada — ou seja, distrações que têm o poder de lhe proporcionar uma vida da qual você vai se arrepender, se você deixar. Contudo, agora você não vai mais.

Tenho certeza de que você entende que acabar este livro não é o fim da luta contra a distração. Como nós vimos, nada além da morte dará fim à batalha de qualquer pessoa contra isso. Entretanto, a luta é diferente quando você tem conhecimento claro de quem são seus adversários. E quando entende como eles bombardeiam seu propósito. E quando está equipado para arrancá-los pela raiz, deixá-los de lado, colocá-los no modo "mudo".

Ainda assim, eliminar as distrações não é o ponto máximo de tudo isso. O ponto máximo é viver uma vida de significado e propósito. Então tire proveito dessa nova posição de poder perante as distrações. Prossiga com as coisas que realmente importam para você.

Vai ser uma jornada e tanto. E eu tenho que lhe dizer: talvez não seja exatamente como você planejou.

Falsos Picos

Com seus 3.800m de altura, o Pico Humphreys é a montanha mais alta no Arizona, e pareceu um ótimo desafio para mim e um amigo quando quisemos levar nossos filhos em uma aventura extenuante. A trilha de 16km para o pico dessa montanha isolada recebe a avaliação de "muito difícil" dos montanhistas.

Assim que nós quatro chegamos à linha das árvores, depois de várias horas escalando, seguimos a crista principal e depois de um tempo chegamos a uma subida mais íngreme de onde pudemos ver o pico. Pensei com alívio: *Ufa, só mais um pouco de escalada difícil e então chegaremos lá, porque é bem ali que está o pico.*

Porém, quanto alcançamos o pico, fiquei desapontado em ver que a trilha continuava. Havia outro pico mais acima.

Ah, está bem, pensei. Eu me lembrei das placas que vi no início da trilha que mencionava "falsos picos". Então era assim que era um pico falso. Um pico falso, especialmente em uma escalda extenuante, pode ter um impacto significativo na mente de um montanhista. *Agora entendo por que eles colocaram placas lá embaixo*, pensei comigo mesmo.

A mesma coisa aconteceu de novo, e de novo, e novamente — eu pensava que havíamos alcançado o topo, apenas para perceber que nosso verdadeiro destino ainda estava adiante. Nós havíamos chegado a outro falso pico.

Finalmente, chegamos ao topo arredondado do Pico Humphreys e apreciamos a vista de 360°, com a cidade de Flagstaff aninhada em sua floresta ao sul e o deserto multicolorido se estendendo na direção norte para o Grand Canyon.

Falsos picos em uma montanha fazem você pensar que alcançou o fim da trilha — mas não, ainda há muito para caminhar. No meu caso, vou admitir, cada falso pico que alcançávamos (mesmo quando eu estava esperando isso) trazia um desalento para o meu coração. E cada falso pico exigia que eu firmasse minha determinação e ficasse disposto a seguir em frente, continuar seguindo, e ir na direção de outro ápice.

É assim que funciona também quando embarcamos num caminho intencional de dedicar nossas vidas em prol das coisas que realmente importam. Não é tão simples quanto ir daqui para ali. Subidas e descidas frequentes podem nos fazer pensar se estamos realmente fazendo algum progresso. Vistas agradáveis oferecem lugares naturais para pararmos e apreciarmos a paisagem que alcançamos. Em outros momentos, nós simplesmente precisamos parar em nossos caminhos e recuperar nosso fôlego, nos abastecer com os lanches que trouxemos, ou examinar os sinais na trilha para ver se ainda estamos indo na direção certa. E então só há falsos picos em nossas buscas difíceis.

Fazer com que as pessoas lessem meu blog *Becoming Minimalist* não era meu destino final depois que comecei viver uma vida intencional como minimalista. Era apenas o começo. Eu não tinha ideia de qual seria o próximo pico. Depois que comecei a usar as redes sociais para o bem, de repente havia livros que eu queria escrever. Então notei a oportunidade de construir um curso de desapego no qual eu pudesse dar uma atenção mais pessoal para as pessoas que estavam falando sério que queriam possuir menos pertences, mas estavam com dificuldades para alcançar a vitória. Embora não tenha me ocorrido mais cedo, criar um aplicativo também fez sentido para mim.

E por que ficar apenas no minimalismo? Graças ao meu jeito simples de viver, eu tinha tanto tempo quanto energia para oferecer a fim de abordar uma outra área de necessidades humanas, além dos excessos — assim surgiu minha ONG, a Hope Effect, que cuida de órfãos em seus anos críticos de desenvolvimento inicial. E ainda nem mencionei o orgulho que sinto de ser um pai atencioso e intencional para meus filhos e um marido fiel para minha esposa.

Hoje, estou fazendo várias coisas e fazendo a diferença no mundo de maneiras que jamais previ ou sonhei que fosse capaz uma ou duas décadas atrás. Eu dou crédito à vida com propósito pelas minhas conquistas. Entre elas está eliminar as distrações que me manteriam enraizado no lugar ou que no mínimo atrasariam meu progresso. Agora vejo o futuro com entusiasmo e com um senso de vastas possibilidades. E digo a você: tudo isso é muito mais divertido do que comprar uma casa maior, dirigir um carro mais luxuoso ou planejar férias mais exóticas.

Agora, pode ser que você tenha um objetivo singular e um caminho simples para chegar lá. Porém é muito mais comum, em minha experiência, que as pessoas mudem de curso não apenas uma, mas múltiplas vezes quando elas veem coisas melhores adiante. Além do Monte das Coisas que Realmente Importam está outro ainda mais alto, o Monte de Novas Coisas que Realmente Importam. A jornada por si só expõe novos destinos. Quando removemos as distrações e alcançamos um pico significativo — uma conquista que nós almejamos —, não deveríamos ficar surpresos quando surgem patamares superiores subsequentes. Nós não vamos nos cansar. Nossa força aumentará. Porque reconhecemos os picos adiante como oportunidades incríveis.

Vamos nos tornar aventureiros, eu e você? Vamos nos equipar para uma jornada que vai de pico em pico a lugares que nunca imaginamos.

Abrindo Seus Olhos para Ver

Você pode ter se perguntado por que eu (alguém que não foi órfão e não conheceu muitos órfãos) fiquei interessado em assistência aos órfãos e fiz disso um dos meus propósitos de vida. Em parte foi por causa da minha esposa, Kim, que me contou sua experiência sendo órfã quando criança. Em parte foi por causa do meu pastor, Joe Darago, que sempre se referia aos órfãos em seus ensinamentos. Quer dizer, de uma maneira estranha, ele estava sempre falando sobre órfãos. Por que ele fazia aquilo?

Um dia, perguntei ao Joe por que o bem-estar dos órfãos era um assunto tão fervoroso para ele, e ele me contou sua história.

Aproximadamente 25 anos antes, Joe e a esposa tinham um filho biológico, quando, em um certo fim de tarde, Joe se sentiu impulsionado a adotar uma criança de um país estrangeiro. Em um espaço de tempo relativamente curto, quando uma série de portas se abriram, o casal adotou uma bebezinha da Coreia do Sul.

Quinze anos depois de adotar a filha coreana, eles adotaram uma outra garota, desta vez de um país asiático diferente. O contexto do começo da infância dela havia sido bem diferente do contexto da irmã mais velha. Do nascimento até os 8 anos, a criança havia vivido em um orfanato onde ela recebia pouca atenção e não recebia educação, porque os administradores do orfanato não achavam que ela era esperta o suficiente para aprender.

Hoje, Joe e a esposa amam essas duas garotas igualmente, mas todos os dias eles acordam e veem a diferença causada pelo tratamento inicial das crianças bem na frente de seus olhos. A filha da Coreia — que foi adotada quando era uma bebê — está emocional e mentalmente no mesmo nível que seus colegas hoje em dia. Ela está feliz e prosperando. A outra filha adotiva, depois de vários anos na casa deles, ainda tem pouco apego emocional com eles, não entende muito bem como ser parte de uma família, e tem feito um progresso mínimo em superar seus atrasos de desenvolvimento. Ela nunca deixará completamente para trás o jeito que sua mente e suas emoções foram formadas nos primeiros anos de vida, quando ela carecia de afeição e da atenção dos adultos.

Você sabia que existem aproximadamente 140 milhões de órfãos no mundo todo, e que menos de 1% deles serão adotados dentro de um período de um ano?[1] Muitas dessas crianças crescem em orfanatos. E, como a segunda filha adotiva dos Darago, muitas delas chegam à fase adulta com um nível mais baixo para a idade em quase todas as medidas de desenvolvimento. Joe abriu meus olhos para esses fatos.

Minhas conversas com ele me inspiraram para criar a Hope Effect, colocando jovens órfãos em orfanatos caseiros de alta qualidade em vez de orfanatos impessoais. E quanto precisei de um executivo para a ONG, soube exatamente para quem recorrer. Assim como eu, antes de passar a fazer o blog sobre minimalismo, Joe amava ser pastor, mas estava disposto a tomar um rumo diferente quando a oportunidade certa apareceu. Hoje, ele traz para nossa ONG um entendimento mais íntimo das necessidades das crianças, mais do que eu jamais poderia fazer — porque ele viu os efeitos tanto da boa assistência aos órfãos quanto da ruim, dentro da própria casa.

As coisas que encontramos na vida têm um jeito misterioso e maravilhoso de nos redirecionar para lugares onde podemos fazer a diferença se estivermos alertas e responsivos à medida que novos picos começam a aparecer. As escolhas que fazemos podem não fazer sentido para outras pessoas que estão vendo nossas vidas de fora. Contudo, *nós* sabemos que é a coisa certa a fazer.

Dissidência Cognitiva

Tenho certos slogans que uso repetidamente porque há sempre alguém que precisa ouvi-los. Um dos mais populares é este: "Você não tem que viver como todo mundo. Na verdade, você provavelmente será mais feliz se não o fizer."

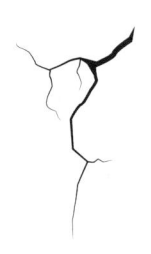 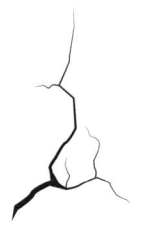

> "Você não tem que viver como todo mundo. Na verdade, você provavelmente será mais feliz se não o fizer."

Pense sobre todas as distrações da Parte 3 deste livro. Não seriam essas distrações apenas o jeito que a maioria das pessoas vive, e *esperam* viver, porque elas não conhecem nenhum outro jeito?

- Viver para si mesmo — é algo que todo mundo está fazendo.

- Lutar por mais dinheiro — é algo que todo mundo está fazendo.

- Comprar mais coisas — é algo que todo mundo está fazendo.

- Tentar ser notado — é algo que todo mundo está fazendo.

- Viver para fins de semana e férias — é algo que todo mundo está fazendo.

- Pegar o celular para se entreter no tempo livre — nossa, é algo que todo mundo está fazendo, mesmo.

Nas linhas anteriores, eu provavelmente deveria ter colocado a expressão *todo mundo* entre aspas. Porque não é toda pessoa de fato que está fazendo essas coisas. É apenas a maioria. Você sabe, *o rebanho*.

Sei que é difícil se separar do rebanho. Vivemos em uma cultura que implora para que nos conformemos. Por meio de suas várias mensagens, ela nos chama para nos encaixarmos no seu molde. Ela exerce pressão em nossas mentes para que acreditemos e compremos suas opiniões, esperanças e aspirações, embora as buscas que mais definam nossa cultura nunca satisfaçam completamente nossos corações e almas. Nós não devemos pensar diferentemente sobre nada.

E então, mediante a conformidade à cultura, nós perdemos nossa singularidade. Perdemos nossa paixão. Perdemos nossa energia. Perdemos nossa oportunidade de escolher um futuro diferente. E como estamos ocupados demais indo atrás das coisas erradas, sacrificamos nossas oportunidades de achar algo maior e mais satisfatório nesta vida.

Enquanto isso, pelo menos em muitos de nós (eu acredito de verdade), nossos corações imploram para que vivamos diferentemente. Nosso espírito nos incita a buscar nossas próprias paixões. Nossa alma clama por significado. Nosso interior anseia que vivamos vidas contraculturais.

Na jornada de ler *O que Realmente Importa*, você já enfrentou as maiores distrações da sua vida. E você se fortaleceu fazendo isso. Agora é hora de enfrentar outra coisa: a verdade que você inevitavelmente será diferente das outras pessoas. Você vai se destacar na multidão.

Algumas pessoas podem não gostar da sua originalidade. Algumas podem criticá-la ou criticá-lo. Porém acho que você vai descobrir que muitas pessoas vão admirá-lo. Elas podem até mesmo ser atraídas pelo seu exemplo e sentir-se inspiradas a segui-lo. Essa é minha experiência, de qualquer forma. Há mais insatisfação no rebanho do que imaginamos. Como eu disse anteriormente neste livro, você pode se tornar um modelo para outras pessoas de como viver uma vida intencional que tem significado.

Então vá em frente — seja contracultural, seja contrário, seja inconformado. Você não tem que esfregar sua distinção na cara dos outros, mas também não precisa escondê-la. Abrace-a.

Qual é a alternativa? Tudo o que um rebanho faz é andar confuso por aí, pastando. Quem quer isso?

Você tem lugares para ir, picos para escalar e coisas para fazer. Coisas boas.

Fazendo do Mundo um Lugar Melhor

Anos atrás, recém-formado na Universidade de Nebraska com diplomas nas áreas de bancos e finanças, fui trabalhar como estagiário numa grande igreja em Omaha. Foi uma experiência fantástica para um jovem. Sou grato pela oportunidade que me foi dada tão cedo no meu desenvolvimento.

A um certo ponto, durante uma reunião com mais de vinte pastores, o pastor sênior fez uma afirmação que eu lembro até hoje. Na verdade, eu ainda consigo ver a sala, o lugar em que eu estava sentado e o lugar onde o pastor sênior estava de pé quando fez a afirmação. Ele disse de forma bem simples: "Tento deixar cada sala na qual eu entro um pouco melhor do que eu a encontrei."

Não era necessariamente uma informação nova sobre responsabilidade pessoal, mas havia algo em sua sinceridade que fez com que a mensagem ficasse comigo. Ele continuou a listar exemplos específicos em que colocou isso em ação: limpando os cômodos de sua casa, ajeitando os salões da igreja e até mesmo limpando a bancada em cada banheiro público que ele usa.

"Meu objetivo é deixar o lugar apenas um pouquinho melhor para a pessoa que vier a seguir."

Quando terminou, ele nos levou até o estacionamento do lado de fora, onde pegamos todo o lixo que conseguimos encontrar. Vinte homens e mulheres com roupas de escritório, andando ombro a ombro de um lado a outro do estacionamento, pegando o lixo pelo caminho. A lição foi aprendida e, aparentemente, nunca foi esquecida.

Os grandes objetivos que escolhemos buscar na vida vão nos dar um senso de plenitude e satisfação — de felicidade altruísta. Eles podem ser tão empolgantes quanto alcançar um pico de uma montanha depois de uma longa escalada. Porém os benefícios pessoais são subprodutos. O objetivo por si mesmo é centrado em suprir as necessidades dos outros.

Ir em busca de coisas que realmente importam nos fará mais interessantes e distintos, comparados ao rebanho indistinguível. Entretanto, independentemente de qual caminho sua história siga ou qual caminho a minha história percorra, uma forma pela qual todos nós perseguidores de propósito podemos julgar se nossas ações realmente importam é perguntar se elas estão sendo benéficas para outras pessoas. Por causa da sua vida intencional...

- Os relacionamentos estão mais saudáveis?
- Os pobres estão em uma condição melhor, ou os doentes estão mais saudáveis, ou os ignorantes estão mais bem informados?
- Nosso mundo físico está em melhores condições?
- Há mais beleza para se apreciar?
- Há mais sabedoria para se seguir?
- Há mais bondade para os corações frágeis das pessoas?

Obviamente, você não pode abordar todos os problemas do mundo, mas mais cedo ou mais tarde deve haver *algo* tangível ou identificável para mostrar o que você está fazendo. E se for o caso, quando chegar ao fim de sua vida, você será capaz de olhar para trás e dizer honestamente que fez algo para tornar o mundo um lugar melhor do que era quando você veio a ele. Sua vida importou. Não vai haver nenhum arrependimento nisso.

Unidade na Retaguarda

Escolher dar mais dinheiro, viver com menos bens ou abordar o tempo livre de uma maneira diferente — esses tipos de coisa podem não apenas surpreender os observadores, mas também afetar pessoalmente aqueles que estão mais perto de você. Pegar um novo tipo de serviço que tem prioridade sobre seus passatempos anteriores — isso, também, pode afetar seus entes queridos. E é melhor que você não ignore isso.

Alguns anos atrás, eu estava conversando com uma mulher que estava fazendo meu curso, *Uncluttered*. Tanto ela quanto o marido eram profissionais com empregos que pagavam bem. Eles haviam se casado com o entendimento mútuo de como a vida deles juntos se desenrolaria: ganhar muito dinheiro e viver de maneira grandiosa, ter um filho, e então se aposentar cedo e ir atrás de uma "boa vida" sem preocupações. O marido ainda tinha intenção de viver desse jeito. A esposa, no entanto, tinha começado a ver as coisas de uma maneira diferente.

Pensei que ela me perguntaria sobre como abordar o marido sobre reduzir a vida — eu havia recebido algumas perguntas como essa antes. Porém aconteceu que o interesse dela em reduzir os bens deles era apenas o primeiro sinal das mudanças que ela estava contemplando.

"Joshua, como posso dizer a Preston que quero largar o meu emprego para trabalhar pela metade do salário atual como advogada para uma ONG? Embora isso vá significar menos dinheiro para nós, vai causar mais impacto no mundo. Porém, mesmo assim, é diferente daquilo que ele pensou que eu estava me tornando."

Eu não lembro exatamente o que disse a ela, embora tenha dado meu melhor para oferecer um conselho útil. Porém, desde então, tenho pensado sobre essa questão com muito mais frequência.

Quando as pessoas estão fazendo grandes mudanças de vida que afetam os outros, a primeira coisa que eu aconselho é medir o quão íntimos são os relacionamentos com essas outras pessoas. Se seu cônjuge ou seu filho adolescente será afetado por essas mudanças, este é um relacionamento íntimo, e a reação do ente querido é importante de se levar em consideração. Se sua tia-avó não entende ou um colega de trabalho pensa que você está fora de si, bem, talvez isso não precise incomodá-lo tanto.

Para lidar com alguém na sua própria casa que está preocupado ou até mesmo chateado com as mudanças que você está contemplando, comunicação é tudo. Diga a eles o que você está pensando em fazer e por que está motivado a fazer isso. Pergunte o ponto de vista deles, não para manipular uma aceitação, mas porque eles terão um ponto de vista diferente do seu, assim como sentimentos que você precisa genuinamente levar em consideração.

Na sua paixão de fazer coisas que realmente importam, não negligencie a importância dos seus relacionamentos com seu parceiro ou parceira e seus filhos (se tiver). Esses relacionamentos são coisas importantes que estão embutidas na sua vida. Como eu disse em um dos capítulos anteriores, quando for planejar um futuro cheio de atividades significativas, é importante se lembrar do valor das tarefas mais importantes à frente. Essas obrigações incluem manter relacionamentos saudáveis com as pessoas com quem somos comprometidos.

Quando chegar ao fim de sua vida, você não vai querer ter apenas poucos arrependimentos pelo que fez. Você também vai querer ter menos arrependimentos em relação ao modo *como* você fez essas coisas.

Então nunca deixe seu amor de lado, porque isso seria uma derrota, não importa quantas outras vitórias você venha a ter na vida. Direi mais uma vez: nunca deixe seu amor de lado.

Não deixe aqueles mais próximos a você alienados. Em vez disso, tente torná-los seus aliados, parceiros e torcedores. Seu time.

Enquanto isso, é justo que *você* esteja pronto para se juntar ao time *deles*. Encoraje outras pessoas com as quais você se importa a evitarem desperdiçar o tempo delas em "luxo e preguiça" e em "nada de bom" (Sêneca, lembra?) e, em vez disso, irem atrás de objetivos e propósitos significativos. E então vire seu aliado, seu parceiro e seu torcedor.

No Capítulo 5, contei a história em que levei um grupo de adolescentes para o Equador para uma missão curta que incluiu um dia com moradores de um lixão. Foi uma viagem transformadora para todos nós. Uma coisa que me incomodou sobre a viagem foi o que aconteceu antes de irmos para lá. Vários pais se recusaram a deixar seus filhos adolescentes irem, mesmo que as crianças estivessem animadas para ir.

"Depende de vocês, é claro", eu dizia aos pais. "Mas estou curioso. Por que vocês não querem deixar eles irem?"

A resposta sempre era uma variação disso: "Bem, estou preocupado que isso não será seguro o suficiente para eles."

Vi acontecer dezenas de vezes. Acho que havia um pouco de risco naquela missão, como acontece em qualquer viagem internacional, mas, honestamente, não era para tanto. Certamente os perigos possíveis não eram nada em comparação à *certeza* de que os jovens que ficassem em casa perderiam uma oportunidade de ter seus olhos abertos para uma magnitude de necessidade maior e ter seus corações jovens e sensíveis inundados de compaixão. Eu espero que esses pais e essas crianças não se arrependam.

Compartilhando a Jornada

Acho que vou ter que recorrer a um clichê como minhas palavras finais para você. (Contudo, os clichês permanecem na linguagem por tanto tempo porque eles geralmente são verdade.) Ir atrás de coisas que realmente importam para você é *mais sobre a jornada do que o sobre o destino*. Aí está.

Usei palavras como *conquistas* e *realizações* bastante neste livro porque nós vamos conquistar alguns objetivos e alcançar alguns picos na nossa jornada. Porém as vidas que construímos ao longo do caminho são os produtos mais resistentes a arrependimentos das nossas novas buscas.

As distrações em nossas vidas, de certa maneira, tornam-nos apressados e desfocados, fazendo com que nossos dias passem como cartas sendo embaralhadas enquanto dificilmente notamos o que distingue um dia do outro. Curiosamente e maravilhosamente, uma vida com propósito não é apenas mais produtiva, mas mais cheia de paz, porque nós sabemos que estamos fazendo o que deveríamos fazer e então podemos relaxar. Portanto, tire proveito desse novo propósito em sua vida para maximizar seus relacionamentos, celebrar os momentos especiais, e realmente sentir a tristeza, a alegria e outras emoções que suas experiências gerarem.

> Tire proveito desse novo propósito em sua vida para maximizar seus relacionamentos, celebrar os momentos especiais, e realmente sentir a tristeza, a alegria e outras emoções que suas experiências gerarem.

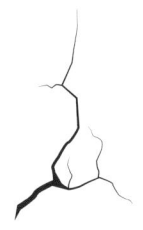

E na medida do possível, no meio disso tudo, permita que outros compartilhem da sua jornada. Quando comecei o meu blog *Becoming Minimalist*, eu não fazia ideia de que ainda estaria escrevendo nele mais de uma década depois. Pensei que ele teria uma vida curta e talvez algumas poucas pessoas o achariam interessante e compartilhariam suas próprias histórias comigo. Eu também queria um meio de reunir minhas ideias sobre o que era, para mim, um jeito totalmente novo de pensar — o minimalismo. Juntar palavras sempre foi algo esclarecedor para mim.

Estou muito feliz que continuei por todos esses anos. Não apenas porque é a base da minha missão e do meu sustento hoje, mas também porque *ainda* é um meio de compartilhar com os outros enquanto esclareço minhas próprias reflexões — apenas com uma visibilidade maior do que costumava ter.

Como você pode compartilhar sua jornada com outras pessoas? Um blog pode ser a solução para você, como foi para mim. Porém há muitas outras possibilidades. Talvez postar relatórios de progresso para seus amigos nas redes sociais. Talvez juntar um conselho informal de amigos com os quais possa se reunir em chamadas de vídeo. Talvez simplesmente ter conversas no calor do momento com família e amigos.

A questão é: não vá sozinho atrás das coisas que realmente importam para você em alguma caverna escura que você mesmo criou. Traga-as para ver a luz do dia, onde você e outras pessoas parecidas possam receber incentivo para o futuro. Expresse suas buscas significativas para o mundo.

Algum dia alguém vai lhe fazer uma pergunta desse tipo: "Como posso viver pelas coisas que realmente importam e fugir dos arrependimentos?"

E você estará com a resposta preparada: "Escolhendo bem. Pondo de lado buscas menores para procurar o significado em sua vida. E você tem que fazer isso todo santo dia. Deixe eu lhe contar minha história..."

Sua Vez

Uma vez eu tive uma conversa com um homem que estava prestes a morrer, um conhecido meu. Perguntei a ele o que havia estado fazendo desde a última vez em que eu o havia visitado.

"Estou apenas tentando aproveitar o máximo dos meus dias restantes", respondeu.

Pensei comigo mesmo: *Esse é um bom conselho. Nós todos deveríamos estar tentando aproveitar o máximo dos dias que nos restam, não importa quantos.*

E agora é a hora em que eu digo adeus enquanto você continua em sua jornada de aproveitar o máximo de sua vida.

Você identificou as buscas que têm significado para você. Olhou bem para dentro de si mesmo, notando os medos e desejos, e começou o trabalho árduo de eliminar o que quer que o distraia do seu propósito. Eu acredito verdadeiramente que você tem coisas adiante que não é nem capaz de imaginar agora — coisas lindas, coisas inspiradoras, visões inimagináveis e coisas que você jamais gostaria de perder no mundo.

Se quiser me contar sua história e como você está na busca do que realmente importa, envie um e-mail para joshua@becomingminimalist.com. Eu adoraria ter a chance de ler e me inspirar.

Porém, primeiro, há outra coisa que gostaria que você fizesse.

Quero que você escreva a última frase deste livro para mim, porque agora eu terminei e você está no comando. Esta é a sua vida, para ser bem vivida. Pegue uma caneta ou lápis, como quiser, e termine este capítulo:

Este é o começo do meu novo compromisso de buscar coisas que importam. Hoje, vou remover as distrações para que eu possa _____

_____.

EXERCÍCIO BÔNUS
Descubra Seus Propósitos

O que mais importa na sua vida?

Você pode já saber a resposta para essa pergunta. Na minha experiência, muitas pessoas têm um senso geral do que mais importa para elas, embora precisem de mais ajuda para esclarecer esses objetivos e deixá-los moldarem suas vidas intencionalmente. Outras ainda estão tentando descobrir. Se você tem procurado por um propósito de vida ou apenas quer reavaliar suas impressões atuais sobre o assunto, esse guia vai lhe dar as ferramentas para isso. É benéfico revisitar nossos objetivos de vez em quando, à medida que nossas vidas, famílias e paixões mudam.

Primeiro de tudo, eu não acho que há uma resposta "certa" para cada pessoa. Há uma variedade de buscas e paixões que o levariam a uma vida plena, então tire algum conforto desse fato. No entanto, não é um número infinito. E você não tem uma quantidade infinita de tempo para se envolver nessas buscas. Então é crucial ter uma ideia o mais clara possível do seu propósito maior, para que isso possa influenciar suas escolhas diárias e de longo prazo.

Uma vez que tenha uma ideia da missão que pode alcançar com sua vida, comece a caminhar na direção dela.

Certa vez, eu tive um sonho para minha vida e o mencionei para um homem chamado Rudy Sheptock em uma tarde em que almoçamos juntos no Burger King. Rudy teve muita influência na minha vida durante a faculdade. Eu o admirava muito, e queria sua opinião e conselhos. Suas palavras naquele dia sobre meu sonho de vida ressoaram no meu coração durante as minhas maiores empreitadas.

"Às vezes, sonhos são como as portas automáticas de um mercado", ele disse. "Elas podem parecer que estão fechadas de onde você está, mas assim que começar a dar passos para realizá-los, a porta vai se abrir no exato momento em que estiver preparado."

A Interseção

A verdade sobre o que mais importa para você já está no seu interior. Você já sabe que problemas no mundo o levam a agir, que oportunidades gosta de aproveitar e onde vê os melhores resultados. Você provavelmente já tem um bom senso das obrigações em sua vida. Porém talvez ainda não tenha enxergado essas coisas como dicas importantes sobre seu propósito. Então aqui vai um ótimo jeito de acessar essa informação: ache a interseção de suas paixões, suas habilidades e as necessidades dos outros. Pense nisso como um diagrama de Venn no qual essas três realidades se sobrepõem.

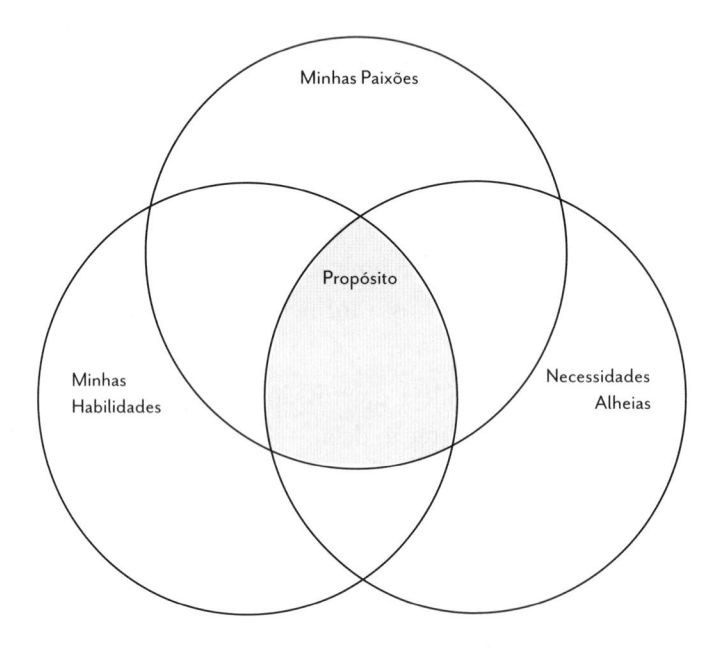

Minhas Paixões

Suas paixões são as coisas que o deixam empolgado. As atividades que o fazem perder a noção do tempo, os tópicos nos quais você não consegue parar de pensar, as questões ou pessoas que tocam o seu coração.

Por exemplo, como você já sabe agora, sou apaixonado por ajudar as pessoas a possuírem menos coisas para que elas possam viver mais. Faço isso por mais de uma década agora, e não me canso. Ainda fico animado quando vejo as pessoas dando o presente da liberdade para si mesmas. Consigo ter um pouquinho de participação nisso — é ótimo! Porém eu também sou apaixonado pela minha fé e pela minha família e por desenvolver hábitos saudáveis que contribuem para uma vida intencional.

Outras pessoas são apaixonadas pelo teatro, pelo meio ambiente, por oração e meditação, por esportes juvenis, política, nutrição, educação infantil, fitness ou por sua missão corporativa. As opções são infinitas, e felizmente todos nós temos opções favoritas diferentes.

Minhas Habilidades

Suas habilidades são seus talentos e competências naturais ou adquiridas. Elas podem ser as coisas nas quais você sempre foi bom, como inspirar os outros em uma causa ou demonstrar empatia com os que estão mal, ou habilidades específicas como carpintaria, culinária e programação. Ou podem ser habilidades que você descobriu ou desenvolveu ao longo da vida. Elas também podem incluir conhecimento, por exemplo, saber como manter livros de auditoria de segurança para uma empresa, falar mandarim ou resolver problemas rapidamente.

Eu tenho uma habilidade natural para me comunicar, tanto pela fala quanto pela escrita. Porém não percebi que poderia escrever de uma forma que ressoasse nas pessoas até os meus 30 e poucos anos. Basicamente, era um dom, mas eu não percebi de primeira. Quando descobri que o tinha, o círculo das "habilidades" no meu diagrama de Venn começou a se expandir e oferecer um novo propósito para minha vida.

Da mesma forma, suas habilidades são dons que você pode oferecer ao mundo.

As Necessidades dos Outros

Esta categoria pode incluir cuidar das necessidades de alguém que tenha uma doença crônica na sua casa, ajudar uma família adotiva em sua comunidade ou proporcionar fundos de ajuda para uma nação que esteja enfrentando as consequências de um desastre natural. Pode ser algo como enxergar a necessidade de fornecer apoio em um fórum online, ajudar pais de crianças recentemente diagnosticadas com uma doença terminal ou apoiar uma vizinha que acabou de se tornar viúva. Em outras palavras, você pode descobrir que é mais atraído por ajudar os outros em um nível mais individual do que em um nível global, ou vice-versa. As circunstâncias certamente ditam modos pelos quais podemos ajudar e servir aos outros também, então essa é uma parte importante para revisitar com o tempo.

Esta é a categoria que começa a separar os *objetivos* do *propósito*. Fazer uma trilha no Grand Canyon pode ser um *objetivo* que o motiva (e não há nada de errado nisso), mas usar seu amor por fazer trilhas para se conectar com um filho rebelde ou dar mentoria para um menino sem pai pode ser seu *propósito*.

Se você alguma vez se sentir sobrecarregado por todas as necessidades à sua volta, lembre-se do diagrama de Venn. Você não está se voluntariando para ajudar com todos os problemas do mundo; está focando apenas aqueles que se sobrepõem a suas paixões e habilidades.

Juntando Tudo para Encontrar O que Mais Importa para *Você*

As três categorias no seu diagrama de Venn são necessárias para achar seu propósito de vida.

Se você não for apaixonado por algo, é insustentável.

Se você não é capaz de fazê-lo, é irrealista.

Se ele não supre uma necessidade, é inútil.

É na interseção dessas categorias que você pode ser mais produtivo e mais realizado.

Para ajudá-lo a esclarecer suas paixões, suas habilidades e as necessidades às quais você responde, vou convidá-lo a fazer para si algumas perguntas-chave.

Novamente, a verdade sobre o que mais importa para você já está no seu interior — enquanto você avança nessas perguntas, elas o ajudarão a aguçar sua visão.

Deixei espaço para você escrever as respostas. Porém, mesmo que não queira pegar uma caneta para isso, pelo menos pare e pense um pouco sobre cada pergunta antes de seguir em frente. Seus insights mais profundos sobre si mesmo podem não aparecer imediatamente.

Identificando Suas Paixões

1. Que Tipo de Trabalho Me Empolga?

Quando a maioria de nós ouve a palavra *trabalho*, imediatamente pensamos no emprego com o qual pagamos nossas contas. Contudo, para essa pergunta, pense além do seu emprego. No dicionário, a definição de *trabalho* não tem nada a ver com pagamento. É, simplesmente, "empenho ou esforço direcionado a produzir ou alcançar algo".[1] É isso que quero dizer aqui.

Talvez quando você pensa sobre o *trabalho que o anima*, seu emprego seja a primeira coisa que lhe vem à mente. Esse é o meu caso, mas não é o caso de todo mundo. Se o seu *emprego* e o *trabalho que o empolga* são a mesma coisa, você faz parte de um grupo de sorte.

No entanto, caso isso não se aplique a você, que tipo de *atividade produtiva* o empolga? Talvez seja jardinagem, pintura ou culinária. Talvez seja escrever, liderar ou construir. Talvez haja alguns aspectos do seu emprego que você realmente aprecie, mesmo que a situação como um todo não. Quando começa a definir um propósito para sua vida, *o trabalho que você gosta* é o lugar mais importante para começar. Seu propósito de vida não vai necessariamente ser fácil, mas é geralmente algo que você pelo menos se sente atraído a fazer.

Eu ganho a vida ajudando os outros a descobrirem a alegria e os benefícios do minimalismo. Por um lado, meu emprego é o trabalho que me anima (não em todos os aspectos, mas na maioria deles). Por outro lado, não ganho nada que venha da Hope Effect, o orfanato sem fins lucrativos que eu criei. Mas ainda amo e fico animado com esse trabalho, gosto de moldar a visão para ele, liderar a diretoria e falar sobre a cultura da organização. Esse é um *trabalho* que me anima, embora não seja o meu emprego.

Então, quando for responder a essa pergunta, pense sobre quais partes do seu emprego parecem mais naturais para você ou apresentam desafios que você quer agarrar. Qual é seu emprego dos sonhos — e o mais importante, por que este é seu emprego dos sonhos? Quando você não está no seu emprego, quais tipos de trabalho mais o animam? Se pudesse criar uma atividade voluntaria para si, o que envolveria?

Tipos de trabalho que revelam onde estão minhas paixões:

1. _____

2. _____

3. _____

2. Que Experiências (Positivas e Negativas) Moldaram Meu Entendimento sobre o Mundo e sobre Aquilo que Me Importa?

Todos nós, pelo menos em parte, somos um produto do nosso passado. Certas experiências têm efeitos que ressoam durante todo o resto de nossas vidas. Algumas experiências do nosso passado são positivas, algumas são negativas, mas todas elas desempenharam um papel em nos moldar. Para essa pergunta, liste as quatro ou cinco experiências principais que vêm à sua mente quando você considera a pergunta: *Quais experiências mais me moldaram?*

Um filho de missionários que cresceu em países estrangeiros se sente como se fosse um cidadão do mundo.

Uma mulher com uma irmã mais nova que tem uma deficiência de desenvolvimento vê o mundo de forma diferente.

Um homem que cresceu observando o pai rico gastar dinheiro terá uma visão peculiar sobre riqueza.

Um adolescente que perde o pai em um acidente de carro terá seu mundo mudado em um instante. Assim como aconteceria com um pai que perde o filho numa tragédia.

As quatro ou cinco experiências do meu passado que mais moldaram quem sou hoje:

1. _____
2. _____
3. _____
4. _____
5. _____

Identificando Suas Habilidades

3. Quais São as Coisas que Eu Faço Bem?

Por quais habilidades as pessoas o elogiam ou a qual delas se referem quando lhe pedem (ou o pagam) para fazer algo por elas? Uma aptidão para algo que algumas pessoas têm e outras pessoas invejam.

Não pense muito sobre essa pergunta; as habilidades que vêm à mente mais naturalmente são provavelmente as mais verdadeiras.

Elas podem variar de aparentemente triviais (jogar golfe) até as obviamente significantes (dar diagnósticos médicos) — e está tudo bem. Escreva dez (ou até mais) delas para que você possa lembrar. Então, enquanto você as estuda, pergunte a si mesmo: *Alguma delas sugere um padrão?*

Coisas que eu faço bem:

1. _____
2. _____
3. _____

4. _____

5. _____

6. _____

7. _____

8. _____

9. _____

10. _____

4. Que Características Eu Usaria para Descrever a Mim Mesmo?

Entender a própria compleição e como ela é importante para o mundo é um dos maiores presentes que você pode dar a si mesmo — e aos outros. Esses atributos não são os mesmos que seus talentos e habilidades. Aqui estamos falando sobre coisas como sua personalidade, temperamento, valores, estilo pessoal e inclinações.

Você pode já ter feito alguns testes de personalidade que o ajudarão aqui. Quem sabe o teste MBTI? O eneagrama? Ou o DISC? Saber seus atributos o ajuda a entender quais das suas buscas lhe servirão mais confortavelmente. E de bônus, o autoconhecimento nos ajuda a ficarmos mais confortáveis com quem somos, em vez de ficarmos desejando ser algo que não somos.

Meus cinco principais atributos pessoais:

1. _____

2. _____

3. _____

4. _____

5. _____

Identifique Necessidades Alheias que Tocam Você

5. Quais Necessidades no Mundo Chamam a Minha Atenção?

Lamentavelmente, não há um fim para as necessidades do mundo. No entanto, percebi uma coisa: a maioria das pessoas parece ser atraída para uma ou duas necessidades em particular. Quais dos problemas que você vê no mundo se destacam repetidamente, mesmo que as notícias não estejam falando disso? Pode ser a injustiça racial, filhos adotivos, doenças mentais, pobreza, moradia acessível, violência contra a mulher, necessidades espirituais que você vê no mundo, ou uma necessidade específica para sua comunidade local. Estas são as necessidades às quais você já presta atenção. Repito, podem ser globais ou individuais, mas elas sempre dizem algo sobre em que concentrar suas paixões e habilidades.

Necessidades alheias pelas quais eu sou especialmente tocado:

1. _____
2. _____
3. _____
4. _____
5. _____

6. Quais Experiências do Meu Passado Me Dão Empatia por Outras Pessoas na Mesma Situação?

E se as dores e os sofrimentos na sua vida não forem apenas problemas que você teve que enfrentar? E se você pudesse redimi-los?

Uma bela forma de tirar algo bom da dor é confortar outras pessoas que estejam passando pela mesma situação. Você pode apoiar e cuidar deles como ninguém mais ao compartilhar sua própria experiência, seja sua recuperação pessoal do TEPT, o luto por um filho perdido, ter sido demitido de um emprego ou navegar as memórias de uma infância dolorosa.

Algumas experiências aqui podem se sobrepor às suas respostas para a pergunta nº 2, e isso já é esperado. Provavelmente, você listou algumas das suas maiores dores entre suas experiências mais influentes. A diferença aqui é que você deve ser específico sobre qualquer dor ou sofrimento que resultou em empatia pelos outros que estejam na mesma situação. Liste todos que puder.

Meus próprios problemas que me sensibilizaram para os problemas de outras pessoas:

1. _____
2. _____
3. _____
4. _____
5. _____

Top 3

Espero que aquilo que mais lhe importa na vida esteja ficando mais claro. À medida que aprendemos mais e mais sobre nós mesmos, à medida que acumulamos novos e diferentes talentos e experiências na nossa vida — as coisas que analisamos nas seis perguntas anteriores —, nos tornamos mais e mais familiarizados com o papel único que podemos preencher no mundo.

À medida que sua situação de vida e seus relacionamentos mudam, os interesses que se juntam no centro do seu diagrama de Venn tendem a mudar um pouco também. Porém, agora que você está mais consciente de suas paixões, de suas habilidades e das áreas nas quais pode servir aos outros, estará mais preparado para avistar novas oportunidades quando elas aparecerem.

Dê uma olhada — seja no papel ou na sua tela mental — nas interseções entre suas paixões, suas habilidades e as necessidades dos outros.

*Três atividades mais significativas que vêm à mente como resultado
dessa convergência:*

1. _____

2. _____

3. _____

Retrocedendo, você concordaria que essas três coisas são as que mais importam para você nesse momento? Em outras palavras, o resultado do diagrama de Venn ressoa em você? Se não, o que você mudaria?

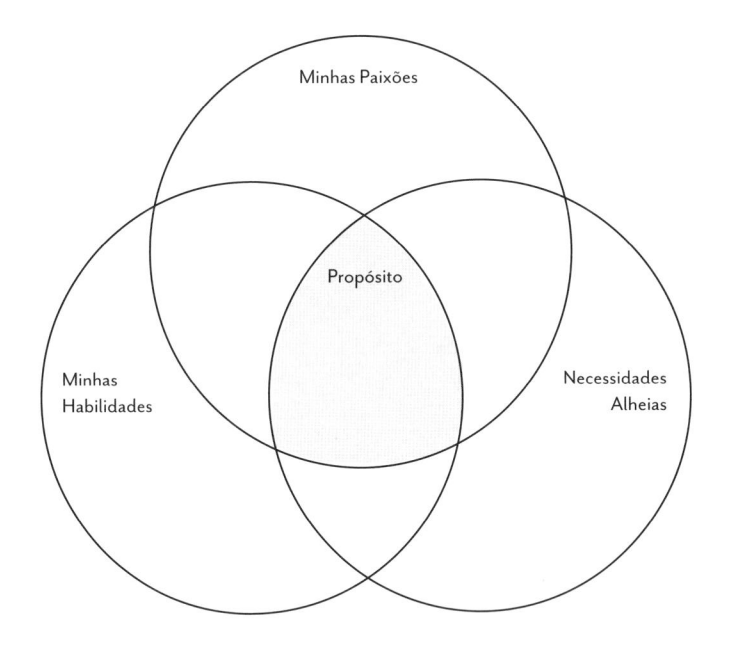

Eu incluí um diagrama em branco nesta página para você preenchê-lo. Baseado nas suas respostas anteriores, que habilidades lhe vêm à mente? Quais paixões passam pela sua cabeça? E quais necessidades alheias imediatamente lhe ocorrem?

Mais uma coisa para pensar enquanto finalizamos este exercício: se alguém olhasse para sua vida diária, ele adivinharia que essas três coisas são as que mais importam para você? Por que sim, ou por que não? Que mudanças você precisa adotar para fazer essas três coisas o lembrarem — e lembrarem ao mundo — de que você sabe o que mais importa?

No mínimo, dê um passo agora mesmo na direção da realização do seu propósito. Mesmo que você ainda tenha algumas incertezas sobre para onde deveria estar indo, não deixe isso se tornar mais uma distração para o impedir de fazer progresso. Mexa-se! O mundo está cheio de caminhos. Você pode fazer desvios para trilhas diferentes sempre que precisar, contanto que esteja seguindo adiante na direção de um futuro sem arrependimentos.

NOTAS

Capítulo 1: Uma Vida sem Arrependimentos

1. Bronnie Ware, "Regrets of the Dying", https://bronnieware.com/blog/regrets-of-
-the-dying (Disponível apenas em inglês). Veja também Bronnie Ware, *Antes de partir: Os 5 principais arrependimentos que as pessoas têm antes de morrer*, trad. Chico Lopes (Geração Editorial, 2012). Os cinco arrependimentos são os seguintes: (1) "Eu queria ter tido a coragem de viver uma vida fiel a mim mesmo, não a vida que os outros esperavam que eu vivesse." (2) "Eu queria que eu não tivesse trabalhado tanto." (3) "Eu queria ter tido a coragem de expressar meus sentimentos." (4) "Eu queria ter mantido contato com meus amigos." (5) "Eu queria ter me permitido ser mais feliz."

2. A pesquisa "O que Realmente Importa" (The Things That Matter Survey, no original) foi realizada pelo American Directions Research Group em nome da Becoming Minimalist LLC. A pesquisa de nível nacional contou com quatrocentos entrevistados e foi conduzida online durante fevereiro de 2021. Os participantes tinham 18 anos ou mais e eram dos Estados Unidos. As porcentagens das respostas podem não somar 100% devido ao arredondamento. Algumas perguntas da pesquisa apresentadas neste livro foram ligeiramente modificadas para permitir que as respostas fossem encaixadas em menos categorias. O resultado completo da pesquisa pode ser consultado no site: www.becomingminimalist.com/things-
-that-matter-survey (Disponível apenas em inglês).

3. Sêneca, "Sobre a Brevidade da Vida" em *Sobre a Brevidade da Vida/Sobre a Firmeza do Sábio*, trad. José Eduardo S. Lohner (Penguin-Companhia, 2007).

4. Para conhecer a história da minha introdução ao minimalismo, veja *Viva Mais, Tenha Menos* (Alta Books, 2023), Capítulo 1.

Capítulo 2: Distraídos do Significado

1. Sêneca, *Selected Letters*, trad. Elaine Fantham (Nova York: Oxford University Press, 2010), 115.

2. N. S. Gill, "Profile of Demosthenes", ThoughtCo., 3 de junho de 2019, www.thoughtco.com/demosthenes-greek-orator-118793.

3. Frank Furedi, "The Ages of Distraction", Aeon, 1º de abril de 2016, https://aeon.co/essays/busy-and-distracted-everybody-has-been-since-at-least-1710.

4. Olivia Solon, "Under Pressure, Silicon Valley Workers Turn to LSD Microdosing", *Wired*, 24 de agosto de 2016, www.wired.co.uk/article/lsd-microdosing-drugs-silicon-valley.

5. Blaise Pascal, *Pensées*, trad. A. J. Krailsheimer (Nova York: Penguin, 1995), 120.

6. A fonte original dessa citação é desconhecida, embora o uso mais antigo conhecido parece ser de Ernest T. Campbell em "Give Ye Them to Eat" (sermão, Riverside Church, Nova York, 25 de janeiro de 1970). Veja em: https://archive.org/details/sermongiveyethem00camp/page/8/mode/2up?view=theater.

Capítulo 3: Sonhos Ofuscados

1. "What Scares Us Most: Spiders or Failing? Linkagoal's Fear Factor Index Clears the Cobwebs", Linkagoal, 12 de outubro de 2015, https://blog.linkagoal.com/2015/10/research-reveals-fear-of-failure-has-us-all-shaking-in-our-boots-this-halloween-1-in-3-admit-they-are-terrified-of-failure.

2. "What Scares Us Most: Spiders or Failing?"

3. Anjelica Oswald, "J.K. Rowling Shares Photos of Her Rejection Letters for 'Inspiration'", Insider, 25 de março de 2016, www.businessinsider.com/jk-rowling-rejection-letters-2016-3.

4. "Michael Jordan 'Failure' Commercial HD 1080p", vídeo do YouTube, postado por "Scott Cole", 8 de dezembro de 2012, www.youtube.com/watch?v=JA7G7AV-LT8.

5. "Ranking the Top 74 NBA Players of All Time", ESPN, 13 de maio 2020, www.espn.com/nba/story/_/id/29105801/ranking-top-74-nba-players-all-nos-10-1.

6. Theo Tsaousides, "Why Fear of Failure Can Keep You Stuck", *Psychology Today*, 27 de dezembro de 2017, www.psychologytoday.com/us/blog/smashing-the-brainblocks/201712/why-fear-failure-can-keep-you-stuck.

7. Don Joseph Goewey, "85 Percent of What We Worry About Never Happens", *Huffington Post*, 25 de agosto de 2015, www.huffpost.com/entry/85-of-what-we-worry-about_b_8028368; e Seth J. Gillihan, "How Often Do Your Worries Actually Come True?", *Psychology Today*, 19 de julho de 2019, www.psychologytoday.com/us/blog/think-act-be/201907/how-often-do-your-worries-actually-come-true.

8. Noam Shpancer, "Overcoming Fear: The Only Way Out Is Through", *Psychology Today*, 20 de setembro de 2010, www.psychologytoday.com/us/blog/insight-therapy/201009/overcoming-fear-the-only-way-out-is-through.

9. Ernest Becker, *Escape from Evil* (Nova York: Free Press, 1975), 4.

10. Melanie J. Kirk, "My Greatest Fear in Life", *The Post-Grad Survival Guide*, 4 de fevereiro de 2019, www.medium.com/the-post-grad-survival-guide/my-greatest--fear-in-life-eb425d1ec0d1.

11. L. Frank Baum, *The Wonderful Wizard of Oz* (1900; repr., Orinda, CA: Sea Wolf Press, 2019), 138.

Capítulo 4: Ferido

1. Deanna Hutchison, "How I Learned to Declutter My Mind", *Becoming Minimalist*, 18 de fevereiro de 2020, www.becomingminimalist.com/declutter-my-mind.

2. Meg Jay, "The Secrets of Resilience", *Wall Street Journal*, 10 de novembro de 2017, www.wsj.com/articles/the-secrets-of-resilience-1510329202.

3. Jay, "The Secrets of Resilience".

4. Jay, "The Secrets of Resilience".

5. Christine Wilkens, ligação telefônica com o autor, 2 de abril de 2021.

Capítulo 5: O Monstro do Eu

1. Viktor Frankl, "Preface to the 1992 Edition", em *Man's Search for Meaning* (1946; repr., Boston: Beacon Press, 2006), xiv–xv.

2. Raj Raghunathan, "Why Rich People Aren't as Happy as They Could Be", *Harvard Business Review*, 8 de junho de 2016, https://hbr.org/2016/06/why-rich-people-arent-as-happy-as-they-could-be.

3. Summer Allen, *The Science of Generosity* (Berkeley, CA: Greater Good Science Center, maio de 2018), https://ggsc.berkeley.edu/images/uploads/GGSC-JTF_White_Paper-Generosity-FINAL.pdf?_ga=2.11753270.38977004.1608835647-1616817560.1608835647; Matthew Solan, "The Secret to Happiness? Here's Some Advice from the Longest-Running Study on Happiness", *Harvard Health Blog*, 5 de outubro de 2017, www.health.harvard.edu/blog/the-secret-to-happiness-heres-some-advice-from-the-longest-running-study-on-happiness-2017100512543; e Robert Waldinger, "Learning to Take Care of Our Relationships", *Simplify*, 1º de junho de 2017, https://simplifymagazine.com/essay/relationships.

4. Kathleen Doheny, "Looks, Money, Fame Don't Bring Happiness", ABC News, 22 de maio de 2009, https://abcnews.go.com/Health/Healthday/story?id=7658253&page=1.

5. Heather Horn, "Promiscuity Doesn't Make People Happier", *The Atlantic*, 22 de agosto de 2010, www.theatlantic.com/national/archive/2010/08/promiscuity-doesn-t-make-people-happier/340249.

6. Olga Khazan, "Fewer Sex Partners Means a Happier Marriage", *The Atlantic*, 22 de outubro de 2018, www.theatlantic.com/health/archive/2018/10/sexual--partners-and-marital-happiness/573493.

7. Temma Ehrenfeld, "Will Plastic Surgery Make You Feel Better?", *Psychology Today*, 15 de julho de 2015, www.psychologytoday.com/us/blog/open-gently/201507/will-plastic-surgery-make-you-feel-better.

8. Emily Esfahani Smith, "You'll Never Be Famous—and That's O.K.", *New York Times*, 4 de setembro de 2017, www.nytimes.com/2017/09/04/opinion/middle-march-college-fame.html. Veja também Eva H. Teltzer *et al.*, "Mexican American Adolescents' Family Obligation Values and Behaviors: Links to Internalizing Symptoms Across Time and Context", *Developmental Psychology* 51, nº 1 (2015): 75–86, https://doi.org/10.1037/a0038434; e Veronica Huta e Richard M. Ryan, "Pursuing Pleasure or Virtue: The Differential and Overlapping Well-Being Benefits of Hedonic and Eudaimonic Motives", *Journal of Happiness Studies* 11, nº 6 (dezembro de 2010): 735–62, https://doi.org/10.1007/s10902-009-9171-4.

9. Smith, "You'll Never Be Famous".

10. P. J. O'Rourke, *All the Trouble in the World: The Lighter Side of Overpopulation, Famine, Ecological Disaster, Ethnic Hatred, Plague, and Poverty* (Nova York: Atlantic Monthly Press, 1994), 9.

11. Bruce P. Doré *et al.*, "Helping Others Regulate Emotion Predicts Increased Regulation of One's Own Emotions and Decreased Symptoms of Depression", *Personality and Social Psychology Bulletin* 43, nº 5 (maio de 2017): 729–39, https://doi.org/10.1177/0146167217695558.

12. Marianna Pogosyan, "In Helping Others, You Help Yourself", *Psychology Today*, 30 de maio de 2018, www.psychologytoday.com/us/blog/between-cultures/201805/in-helping-others-you-help-yourself.

13. Stephanie Booth, "How Helping People Affects Your Brain", Healthline, 15 de dezembro de 2018, www.healthline.com/health-news/how-helping-people-affects-your-brain#How-your-brain-lights-up-when-you-help. Veja também: Tristen K. Inagaki e Lauren P. Ross, "Neural Correlates of Giving Social Support: Differences Between Giving Targeted Versus Untargeted Support", *Psychosomatic Medicine* 80, nº 8 (outubro de 2018): 724–32, https://doi.org/10.1097/PSY.0000000000000623.

Capítulo 6: O Suficiente É Isto: Suficiente!

1. 1 Timóteo 6:10.

2. Catey Hill, "This Is the No. 1 Reason Americans Are So Stressed Out", MarketWatch, 17 de dezembro de 2018, www.marketwatch.com/story/one-big-reason-americans-are-so-stressed-and-unhealthy-2018-10-11.

3. "Majority of Investors with $1 Million or More in Assets Do Not Consider Themselves Wealthy, According to Ameriprise Study", Ameriprise Financial Services, 17 de julho de 2019, https://ir.ameriprise.com/news-events/news-releases/press-relea-

se/2019/Majority-of-Investors-with-1-Million-or-More-in-Assets-do-not-Consi-der-Themselves-Wealthy-According-to-Ameriprise-Study.

4. Graeme Wood, "Secret Fears of the Super-Rich", *The Atlantic*, abril de 2011, www.theatlantic.com/magazine/archive/2011/04/secret-fears-of-the-super-ri-ch/308419.

5. Jay Harrington, "Why Men Need Minimalism", *Becoming Minimalist*, www.be-comingminimalist.com/why-men-need-minimalism.

6. Jay Harrington, "Ambitious Minimalism: How Owning Less Frees Us to Achieve More", *Becoming Minimalist*, www.becomingminimalist.com/ambitious-mini-malism.

7. R. Andres Castaneda Aguilar *et al.*, "September 2020 Global Poverty Update from the World Bank: New Annual Poverty Estimates Using Revised 2011 PPPs", *World Bank Blogs*, 7 de outubro de 2020, https://blogs.worldbank.org/opendata/september-2020-global-poverty-update-world-bank-new-annual-poverty-estima-tes-using-revised.

8. Para descobrir o quão rico você é em uma perspectiva global, acesse o site Giving What We Can, https://howrichami.givingwhatwecan.org/how-rich-am-i.

9. Wood, "Secret Fears of the Super-Rich".

10. Benjamin Preston, "The Rich Drive Differently, a Study Suggests", *New York Ti-mes*, 12 de agosto de 2013, https://wheels.blogs.nytimes.com/2013/08/12/the-ri-ch-drive-differently-a-study-suggests. Caso esteja interessado em saber, motoris-tas de BMW são os maiores infratores.

11. Benjamin Franklin, citado no livro de S. Austin Allibone, comp., *Prose Quota-tions from Socrates to Macaulay* (Filadélfia: J. B. Lippincott & Co., 1876), 128.

12. Howard R. Gold, "Price Tag for the American Dream: $130K a Year", *USA Today*, 4 de julho de 2014, www.usatoday.com/story/money/personalfinan-ce/2014/07/04/american-dream/11122015.

13. Greg McBride, citado no artigo de Anna Bahney, "Nearly a Quarter of Americans Have No Emergency Savings", CNN, 20 de junho de 2018, https://money.cnn.com/2018/06/20/pf/no-emergency-savings/index.html.

14. "World Hunger Is Still Not Going Down After Three Years and Obesity Is Still Growing—UN Report", Organização Mundial da Saúde, 15 de julho de 2019, www.who.int/news/item/15-07-2019-world-hunger-is-still-not-going-down-af-ter-three-years-and-obesity-is-still-growing-un-report; e o WWAP (Programa Mundial de Avaliação da Água da UNESCO), *United Nations World Water and Development Report 2014: Water and Energy*, 2014, https://unesdoc.unesco.org/ark:/48223/pf0000225741, 2.

15. "401(k) Participants' Investing Behavior May Leave Them Short", Charles Sch-wab, www.aboutschwab.com/schwab-401k-participant-study-2019.

16. Nicole Lyn Pesce, "A Shocking Number of Americans Are Living Paycheck to Paycheck", MarketWatch, 11 de janeiro de 2020, www.marketwatch.com/story/a--shocking-number-of-americans-are-living-paycheck-to-paycheck-2020-01-07; e Amanda Dixon, "A Growing Percentage of Americans Have No Emergency Savings Whatsoever", Bankrate, 1º de julho de 2019, www.bankrate.com/banking/savings/financial-security-june-2019.

17. Lara B. Aknin *et al.*, "Prosocial Spending and Well-Being: Cross-Cultural Evidence for a Psychological Universal", *Journal of Personality and Social Psychology* 104, nº 4 (2013): 635–52, https://doi.org/10.1037/a0031578.

18. Elizabeth W. Dunn, Lara B. Aknin e Michael I. Norton, "Prosocial Spending and Happiness: Using Money to Benefit Others Pays Off", resumo, *Current Directions in Psychological Science* 23, nº 1 (fevereiro de 2014): 41–47, https://doi.org/10.1177/0963721413512503.

Capítulo 7: O Lixo no Caminho para o Seu Objetivo

1. Ernest Becker, *Escape from Evil* (Nova York: Free Press, 1975), 4–5.

2. Becker, *Escape from Evil*, 84–85.

3. Jessica Pishko, *In the Red* (Seattle: Little A, 2016), Kindle.

4. Pishko, *In the Red*.

5. "Antes do período dos quarenta anos de 1977 a 2017, a doação total ficava consistentemente em 2% do PIB ou acima. Esse percentual caiu abaixo de 2.0% durante a maior parte das décadas de 1970, 1980 e 1990. A doação total como uma porcentagem do PIB subiu para mais de 2.0% do PIB durante a maior parte dos anos 2000, mas então caiu para 1.9% de 2009 até 2011. A doação total como uma porcentagem do PIB foi 2,1% durante quatro dos cinco anos, de 2013 a 2017." "Giving Statistics", Charity Navigator, www.charitynavigator.org/index.cfm?bay=content.view&cpid=42.

6. "GDP (Current US$)—United States", Banco Mundial, https://data.worldbank.org/indicator/NY.GDP.MKTP.CD?locations=US.

7. Maurie Backman, "You Don't Need That: Average American Spends Almost $18,000 a Year on Nonessentials", *USA Today*, 7 de maio de 2019, www.usatoday.com/story/money/2019/05/07/americans-spend-thousands-on-nonessentials/39450207.

8. John Ruskin, *Notes by Mr. Ruskin on Samuel Prout and William Hunt* (Londres: Strangewater & Sons, 1879–80), 96.

9. "Average Minutes Per Day Men and Women Spent in Household Activities" (2015), American Time Use Survey, Secretaria de Estatísticas Trabalhistas dos Estados Unidos, www.bls.gov/tus/charts/household.htm.

10. Linda Gorman, "Hours Spent in Homemaking Have Changed Little This Century", *The Digest*, National Bureau of Economic Research, outubro de 2008, www.nber.org/digest/oct08/hours-spent-homemaking-have-changed-little-century.

11. Amy Morin, "7 Scientifically Proven Benefits of Gratitude", *Psychology Today*, 3 de abril de 2015, www.psychologytoday.com/us/blog/what-mentally-strong--people-dont-do/201504/7-scientifically-proven-benefits-gratitude.

12. Mary MacVean, "For Many People, Gathering Possessions Is Just the Stuff of Life", *Los Angeles Times*, 21 de março de 2014, www.latimes.com/health/la-x-pm-2014-mar-21-la-he-keeping-stuff-20140322-story.html.

13. Alain de Botton, *Desejo de Status* (L&PM Pocket, 2013).

Capítulo 8: Popular

1. Scott Barry Kaufman, "Why Do You Want to Be Famous?", *Scientific American*, 4 de setembro de 2013, https://blogs.scientificamerican.com/beautiful-minds/why-do-you-want-to-be-famous.

2. Orville Gilbert Brim, *Look at Me! The Fame Motive from Childhood to Death* (Ann Arbor: University of Michigan Press, 2010), 28.

3. Kaufman, "Why Do You Want to Be Famous?"

4. Benedict Carey, "The Fame Motive", *New York Times*, 22 de agosto de 2006, www.nytimes.com/2006/08/22/health/psychology/22fame.html.

5. Rebecca J. Rosen, "Something Like 0.0086% of the World Is Famous", *The Atlantic*, 22 de janeiro de 2013, www.theatlantic.com/technology/archive/2013/01/something-like-00086-of-the-world-is-famous/267397.

6. Oluebube Princess Egbuna, "Distracted by Fame?", *Medium*, 17 de dezembro de 2018, https://medium.com/@egbunaoluebube/distracted-by-fame-723477e9023b. Utilizado e adaptado com permissão.

7. Egbuna, "Distracted by Fame?"

8. 1 Coríntios 13:13.

9. *The Works of Robert G. Ingersoll*, ed. C. P. Farrell, vol. 11 (Nova York: Dresden Publishing, 1902), www.gutenberg.org/files/38813/38813-h/38813-h.htm#K.

Capítulo 9: Até a Praia Fica Entediante

1. Dorothy Sayers em *Cartas a uma Igreja Acanhada* (Thomas Nelson Brasil, 2022).

2. Gallup, *State of the Global Workplace* (Nova York: Gallup Press, 2017), 22–24. Os dados foram agregados de 2014 a 2016 em 155 países. Funcionários "empenhados" são definidos como "altamente envolvidos e entusiasmados com seu emprego e seu ambiente de trabalho. Eles são 'proprietários' psicológicos, que conduzem a performance e a inovação, e levam a empresa para a frente". Funcio-

nários "não empenhados" "são psicologicamente desapegados do seu emprego e da empresa. Como suas necessidades de envolvimento não estão sendo supridas integralmente, eles colocam tempo — mas não energia ou paixão — em seu trabalho". Os funcionários "ativamente desengajados" "não estão apenas infelizes no trabalho — eles estão ressentidos que suas necessidades não estão sendo supridas e estão agindo baseados na sua insatisfação. Todo dia, esses trabalhadores potencialmente comprometem o que seus colegas de trabalho empenhados conquistam".

3. CareerBuilder, "Increased Number of Workers Calling in Sick When They Aren't, Finds CareerBuilder's Annual Survey", PR Newswire, 16 de novembro de 2017, www.prnewswire.com/news-releases/increased-number-of-workers-calling-in--sick-when-they-arent-finds-careerbuilders-annual-survey-300555582.html.

4. Zoya Gervis, "Here's How Many Days a Year the Average American Spends Daydreaming About a Vacation", SWNS Digital, 24 de outubro de 2019, www.swnsdigital.com/us/2019/10/heres-how-many-days-a-year-the-average-american--spends-daydreaming-about-a-vacation.

5. Hannah Sampson, "What Does America Have Against Vacation?", *Washington Post*, 28 de agosto de 2019, www.washingtonpost.com/travel/2019/08/28/what--does-america-have-against-vacation.

6. Sampson, "What Does America Have Against Vacation?"

7. Amanda Dixon, "Americans Reveal Ideal Ages for Financial Milestones", Bankrate, 18 de julho de 2018, www.bankrate.com/personal-finance/smart-money/financial-milestones-survey-july-2018.

8. Axel von Herbay, "Otto von Bismarck Is Not the Origin of Old Age at 65", *Gerontologist* 54, nº 1 (fevereiro de 2014): 5, https://doi.org/10.1093/geront/gnt111; e Administração do Seguro Social, "Age 65 Retirement", www.ssa.gov/history/age65.html.

9. Aspen Gorry, Devon Gorry e Sita Slavov, "Does Retirement Improve Health and Life Satisfaction?", Documento Técnico 21326, National Bureau of Economic Research, julho de 2015, doi:10.3386/w21326, www.nber.org/papers/w21326.

10. Kathy Kristof, "Surprise—Money Doesn't Guarantee Happy Retirement. Here's What Does", *Inc.*, março/abril de 2018, www.inc.com/magazine/201804/kathy--kristof/happy-retirement-satisfaction-enjoy-life.html.

11. Stephen Wright, "The Difference Between Happy and Unhappy Retirees", *Pinnacle Quarterly*, Vision Wealth Planning, janeiro de 2020, 12, https://static.twentyoverten.com/5a29586cd744f3738318b502/zeZKOzCfW/VISION-Quarterly-Q1-2020.pdf (grifo do autor).

12. Matt Clarke, "Long-Term Recidivism Studies Show High Arrest Rates", *Prison Legal News*, 3 de maio de 2019, www.prisonlegalnews.org/news/2019/may/3/long-term-recidivism-studies-show-high-arrest-rates.

Capítulo 10: Luzes Piscantes

1. Cal Newport, *Minimalismo Digital: Para uma Vida Profunda em um Mundo Superficial*, trad. Carolina Gaio (Alta Books, 2019).

2. "O Relatório de Audiência Total da Nielsen: Agosto de 2020", Nielsen, 13 de agosto de 2020, www.nielsen.com/pt/insights/2020/the-nielsen-total-audience-report-august-2020. O tempo total gasto no consumo de mídias em 2020 aumentou em quase uma hora por dia em relação a 2019, representando o tempo adicional que os norte-americanos estavam gastando em média durante o isolamento da COVID-19. A pesquisa também faz uma observação: "Uma pequena quantidade de uso simultâneo pode ocorrer entre dispositivos."

3. Rani Molla, "Tech Companies Tried to Help Us Spend Less Time on Our Phones. It Didn't Work", *Vox*, 6 de janeiro de 2020, www.vox.com/recode/2020/1/6/21048116/tech-companies-time-well-spent-mobile-phone-usage-data. Os gráficos de uso de smartphones vêm da empresa de softwares de produtividade RescueTime.

4. J. R. Thorpe, "This Is What Too Much Screen Time Does to You", *Bustle*, 6 de novembro de 2020, www.bustle.com/wellness/117838-5-things-too-much-screen-time-does-to-your-body. Veja também: Juliane Horvath *et al.*, "Structural and Functional Correlates of Smartphone Addiction", *Addictive Behaviors* 105 (junho de 2020), https://doi.org/10.1016/j.addbeh.2020.106334.

5. Thorpe, "This Is What Too Much Screen Time Does to You". Veja também: Xiao Wang, Yuexuan Li e Haoliang Fan, "The Associations Between Screen Time–Based Sedentary Behavior and Depression: A Systematic Review and Meta-analysis", *BMC Public Health* 19, art. nº 1524 (2019), https://doi.org/10.1186/s12889-019-7904-9.

6. Moran Bodas *et al.*, "Anxiety-Inducing Media: The Effect of Constant News Broadcasting on the Well-Being of Israeli Television Viewers", *Psychiatry* 78, nº. 3 (2015): 265–76, https://doi.org/10.1080/00332747.2015.1069658.

7. Thorpe, "This Is What Too Much Screen Time Does to You". Veja também: Eva M. Selhub e Alan C. Logan, *Your Brain on Nature: The Science of Nature's Influence on Your Health, Happiness, and Vitality* (Mississauga, Ontario, Canadá: Wiley, 2012), 45.

8. Kermit Pattison, "Worker Interrupted: The Cost of Task Switching", *Fast Company*, 28 de julho de 2018, www.fastcompany.com/944128/worker-interrupted-cost-task-switching. Veja também: Gloria Mark, Daniela Gudith e Ulrich Klocke, "The Cost of Interrupted Work: More Speed and Stress", *CHI '08: Proceedings of the SIGCHI Conference on Human Factors in Computing Systems* (6 de abril de 2008): 107–10, https://doi.org/10.1145/1357054.1357072.

9. Nicholas Carr, *The Shallows: What the Internet Is Doing to Our Brains*, ed. atualizada (Nova York: Norton, 2020), 10.

10. Cal Newport, *Trabalho Focado: Como Ter Sucesso em um Mundo Distraído* (Alta Books, 2018).

11. Cal Newport, citado por Eric Barker em "Stay Focused: 5 Ways to Increase Your Attention Span", *Time*, 26 de junho de 2014, https://time.com/2921341/stay-focused-5-ways-to-increase-your-attention-span.

12. Newport, *Minimalismo Digital*.

13. Newport, *Mininalismo Digital*.

14. Lydia Belanger, "10 Ways Technology Hijacks Your Behavior", *Entrepreneur*, 3 de abril de 2018, www.entrepreneur.com/article/311284.

15. Avery Hartmans, "These Are the Sneaky Ways Apps Like Instagram, Facebook, Tinder Lure You in and Get You 'Addicted'", Insider, 17 de fevereiro de 2018, www.businessinsider.com/how-app-developers-keep-us-addicted-to-our-smartphones-2018-1.

16. Adam Alter, *Irresistível: Por que Você É Viciado em Tecnologia e como Lidar com Ela*, trad. Cássio de Arantes Leite (Objetiva, 2018).

17. Nir Eyal, *Indistraível: Como Dominar Sua Atenção e Assumir o Controle de Sua Vida* (AlfaCon, 2019).

18. Tristan Harris, citado por Alex Kantrowitz em "'Social Dilemma' Star Tristan Harris Responds to Criticisms of the Film, Netflix's Algorithm, and More", *OneZero*, 7 de outubro de 2020, https://onezero.medium.com/social-dilemma--star-tristan-harris-responds-to-criticisms-of-the-film-netflix-s-algorithm-and-e-11c3bedd3eb.

Capítulo 11: Viva a História que Você Quer que Seja Contada

1. "UNICEF e parceiros globais definem um órfão como uma criança com menos de 18 anos de idade que perdeu um ou ambos os pais por qualquer causa de morte. Por essa definição, havia aproximadamente 140 milhões de órfãos no mundo em 2015, incluindo 61 milhões na Ásia, 52 milhões na África, 10 milhões na América Latina e no Caribe, e 7,3 milhões no Leste Europeu e na Ásia Central." "Orphans", UNICEF, https://web.archive.org/web/20210614053425/www.unicef.org/media/orphans.

Exercício Bônus: Descubra Seus Propósitos

1. Dictionary.com, s.v. "work", www.dictionary.com/browse/work.

ÍNDICE

Projetos corporativos e edições personalizadas
dentro da sua estratégia de negócio. Já pensou nisso?

Coordenação de Eventos
Viviane Paiva
viviane@altabooks.com.br

Contato Comercial
vendas.corporativas@altabooks.com.br

A Alta Books tem criado experiências incríveis no meio corporativo. Com a crescente implementação da educação corporativa nas empresas, o livro entra como uma importante fonte de conhecimento. Com atendimento personalizado, conseguimos identificar as principais necessidades, e criar uma seleção de livros que podem ser utilizados de diversas maneiras, como por exemplo, para fortalecer relacionamento com suas equipes/ seus clientes. Você já utilizou o livro para alguma ação estratégica na sua empresa?

Entre em contato com nosso time para entender melhor as possibilidades de personalização e incentivo ao desenvolvimento pessoal e profissional.

PUBLIQUE
SEU LIVRO

Publique seu livro com a Alta Books. Para mais informações envie um e-mail para: autoria@altabooks.com.br

 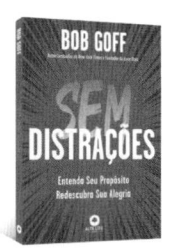
 /altabooks   /alta-books    /altabooks   /altabooks

Este livro foi impresso nas oficinas gráficas da Editora Vozes Ltda.,
Rua Frei Luís, 100 – Petrópolis, RJ.